本报告为国家自然科学基金项目“高等教育监测评估理论与方法研究”（批准号：71273029）的阶段性成果

本报告获得中国学位与研究生教育学会
全国首届研究生教育成果奖一等奖

内容简介

《中国研究生教育质量年度报告（2014）》是具有研究性质的研究生教育质量年度报告。本报告以“质量”和“年度”为核心主题词，从多角度、多层面研究分析了2013年度我国研究生教育质量，力求客观、科学地反映该年度研究生教育质量。

本报告对2013年度中国研究生教育质量进行了评析；梳理了2013年度研究生教育质量若干热点议题；为适应研究生教育管理加强省级统筹的新形势，对31个省、自治区、直辖市的学科发展规模及水平进行了排名；通过对全国19个省、自治区、直辖市的43所研究生培养单位的13000多名研究生开展的教育满意度问卷调查，较好地呈现了2013年度研究生满意度；收集了国外媒体对我国研究生教育改革发展的评论，梳理了国外研究生教育发展的最新动态。

本报告内容翔实，从多视角、多层面反映了我国2013年研究生教育质量情况，既可以为教育主管部门和研究生教育管理者对策提供参考，又能为研究生培养单位、研究生导师及广大在校研究生和有志于报考研究生者了解我国研究生教育现状提供具有参考性价值的资料和数据，还能为关注、支持和投身研究生教育改革与发展的社会公众、行业企业等提供有益信息。同时，本报告也是从事研究生教育研究的学者的重要参考文献。

Abstract

"*Annual Report on China Postgraduate Education Quality 2014*"initiates the annual research report for postgraduate education policy, highlights keywords of "quality" and "annual", and look into the postgraduate education quality from the angle of multi-level and multi-perspective with the aim to provide a scientific and objective overview of postgraduate education quality in 2013.

The report tries to fulfill a set of tasks. This report evaluates and analyzes the quality of postgraduate education 2013, summarizes several hot issues about education quality. In order to adapt to the improving administration of provincial postgraduate education, the report(proposes a system of provincial postgraduate education evaluation index, and make a ranking on scale and level of 31 provincial discipline's development). The report is based on a questionnaire on the degree of satisfaction among more than 13000 postgraduates in 43 institutions in 19 provinces. The statistical result reflects the status quo of satisfaction of students towards education quality in 2013. The report also collects some foreign reviews and comments on postgraduate education in China and introduces recent trend and development on postgraduate education abroad.

With a sound statistics and abundant information, the report is not only the reference for governmental departments and educational administrators who are in charge of postgraduate education, but also providing valuable information for universities, professors, postgraduate students and prospective postgraduate students. Besides, the report provides the information for the public and enterprises who care, support and participate in the reform and development of postgraduate education in China. At the same time, the report is scholars engaged in research on postgraduate education important references.

北京理工大学 学位与研究生教育研究中心
Research Center for Graduate Education(RCGE), BIT

中国研究生教育质量年度报告（2014）

Annual Report on China's Graduate Education Quality 2014

研究生教育质量报告编研组 编著

中国科学技术出版社
·北 京·

图书在版编目（CIP）数据

中国研究生教育质量年度报告. 2014 / 研究生教育质量报告编研组编著. —北京：中国科学技术出版社，2014.12

ISBN 978-7-5046-6774-8

Ⅰ. ①中… Ⅱ. ①研… Ⅲ. ①研究生教育－教育质量－研究报告－中国－2014 Ⅳ. ① G643

中国版本图书馆 CIP 数据核字（2014）第 283234 号

出 版 人 苏 青
选题策划 苏 青 王晓义
责任编辑 王晓义
封面设计 孙雪鹂
责任校对 凌红霞
责任印制 张建农

出　　版 中国科学技术出版社
发　　行 科学普及出版社发行部
地　　址 北京市海淀区中关村南大街 16 号
邮　　编 100081
发行电话 010-62173865
传　　真 010-62179148
投稿电话 010-62176522
网　　址 http://www.cspbooks.com.cn

开　　本 720mm × 1000mm 1/16
字　　数 180 千字
印　　张 11
印　　数 1—2500 册
版　　次 2015 年 1 月第 1 版
印　　次 2015 年 1 月第 1 次印刷
印　　刷 北京盛通印刷股份有限公司

书　　号 ISBN 978-7-5046-6774-8/G · 674
定　　价 46.00 元

研究生教育质量报告编研组

主　编	王战军	北京理工大学学位与研究生教育研究中心	主任　教授
		清华大学教育研究院	教授、博士生导师
副主编	周文辉	北京理工大学学位与研究生教育研究中心	副主任
		《学位与研究生教育》杂志社	社长、执行副主编

编委会成员（按姓氏笔画排序）

刘俊起	《学位与研究生教育》杂志社	编辑
李长福	黑龙江省学位委员会办公室	主任
严　平	中国人民大学教育学院	副教授
余伟良	湖南省学位委员会办公室	主任
周玉清	《学位与研究生教育》杂志社	副编审
赵清华	《学位与研究生教育》杂志社	副社长
荣利颖	首都师范大学教育学院	讲师
唐广军	北京石油大学研究生处	副研究员
廖湘阳	湘潭大学公共管理学院	教授
翟亚军	华北电力大学高等教育研究所	副教授

研究工作人员

王　铭	清华大学教育研究院	博士研究生
乔　刚	北京理工大学教育研究院	博士研究生
陆晓雨	北京理工大学教育研究院	硕士研究生

专家委员会成员

委员会主任

赵沁平　中国学位与研究生教育学会会长、中国工程院院士

委员会成员（按姓氏笔画排序）

丁雪梅	哈尔滨工业大学	副校长、教授
申纪云	湖南省教育厅	副厅长、研究员
张淑林	中国科学技术大学	副校长、研究员
顾云深	复旦大学研究生院	常务副院长、教授
魏兆胜	黑龙江省教育厅	常务副厅长、研究员

主 编 简 介

王战军，1956年生，现任北京理工大学学位与研究生教育研究中心主任，教授、博士生导师；清华大学教授、博士生导师；教育部高等教育教学评估中心副主任。

30多年来，一直从事高等教育管理、教学、科研与评估研究；主要研究方向为主要研究方向为高等教育管理与评估、教育发展战略、管理信息系统等；曾策划、研制并组织开展多项全国学位与研究生教育评估项目；组织参与多项全国高等教育评估项目；主持参与并完成国家自然科学基金和国家社会科学基金项目9项；发表论文90多篇，其中代表性的有：《中国高等教育质量保障的新理念和新制度》(《清华大学教育研究》2014.3)、《加强研究生教育科学研究 促进研究生教育改革与发展》(《学位与研究生教育》2014.8)、《我国研究生教育的国际影响力》(《国家教育行政学院学报》，2013.2)、《研究生教育评估新思维》(《清华大学教育研究》，2012.1)、《研究生质量评估：模型与框架》(《高等教育研究》，2012.3)、《建立健全新时期研究生教育质量保障体系》(《中国高等教育》2012.6)、《中国高水平大学50强》(《教育研究》，2010.10)；出版著作多部，代表性的有《中国研究生教育研究进展报告(2013)》《中国研究生教育质量年度报告(2013)》《学位与研究生教育评估理论与方法》《研究型大学与高等教育强国》、*The Construction and Development of Research Universities in China*,《学位与研究生教育评估技术与实践》等。

主要社会兼职有中国学位与研究生教育学会学术委员会副主任委员、中国高等教育质量保障与评估机构协作会副理事长兼秘书长、中国高等教育评估研究会副理事长、中国教育发展战略学会理事、中国科学与科技政策研究会常务理事、《科学学研究》编委会编委、《研究生教育研究》编委会副主任委员等。

曾多次代表我国专业评估机构访问美国、英国、澳大利亚、法国、希腊、意大利、泰国、韩国、加拿大等国家和我国台湾地区，并与其评估组织进行了交流与学习。

前　言

2013年，我国在校研究生规模达179.4万人，其中在校博士研究生29.8万人，在校硕士研究生149.6万人。在校研究生中，专业学位博士研究生7160人，专业学位硕士研究生5.4万人。在职人员攻读硕士学位55.9万人，研究生课程进修班6.9万人。我国在学研究生总规模达242.2万人。随着我国研究生教育的发展，我国已步入世界研究生教育大国行列，研究生培养规模不断扩大，培养制度不断完善，培养质量不断提高，国际影响力不断提升。作为研究生教育大国，近年来，我国各级教育主管部门和研究生培养单位不断深化研究生培养机制改革，突出需求导向，特色多样，高端引领，努力提高研究生教育发展水平和满足社会发展需要的能力。

教育部在《教育部2013年工作要点》再次明确提出“全面启动研究生教育综合改革”。因此，进一步提高研究生教育质量，全面深化研究生教育综合改革成为2013年我国研究生教育领域的重点内容之一。为此，国务院学位委员会在充分论证、广泛听取各方意见和建议的基础之上，于2013年由教育部、国家发展改革委、财政部三部委联合正式印发《关于深化研究生教育改革的意见》，就深化研究生教育改革提出了二十八条意见。同年7月，召开了全国研究生教育工作暨国务院学位委员会第三十次会议。会议以“服务需求、提高质量”为主线，通过部署研究生教育综合改革工作来推进研究生教育内涵发展和质量提升，对新时期深化研究生教育改革工作进行了全面部署。

为贯彻落实《国家中长期教育改革和发展规划纲要（2010—2020年）》“制定教育质量国家标准”的有关要求，实施《关于深化研究生教育改革的意见》，建立健全研究生教育质量监督体系，2013年国务院学位委员会、教育部联合印发了针对学术学位的《博士、硕士学位基本要求》。这意味着，我国研究生教育质量有了首部“国家标准”。同时，为了加大对研究生教育质量监督力度，国务院学位委员会办公室向有关单位反馈了2011年在职人员攻读硕士学位录取考生报考资格的抽查结果和处理意见，对于资格审查不严、出现问题的15个招生单位提出通报批评。暂停某大学部分专业2013年在职攻读研究生招生资格，整改期为1年。国务院学位委员会办公室公布了2012年在职人员攻读硕士学位录取结果的排序情况。11所研究生培养单位由于部分专业在2011—2012年连续2年总分平均分排序均靠后而被通报批评，5所培养单位因连续3年总分平均分排序均靠后而被要求2013年停止招生。2013年，清华大学经济管理学院、复旦大学管理学院、上海交通大学安泰经济与管理学院、同济大学经济与管理学院、上海财经大学商学院五家单位通过中国高质量工商管理教育认证（CAMEA）。委托有关全国专业学位研究生教育指导委员会对15所高校的翻译硕士和36所高校的公共管理硕士进行了教学合格评估。其中，35所高校通过了公共管理硕士教学合格评估，一所高校因正处于整改期，因而不予下达评估结果，待其整改结束后纳入下次评估。

各研究生培养单位也采取了一系列措施保障和提高研究生培养质量。北京大学把“国际水平，国家需求，质量优先，着眼未来”作为教育的基本目标。因此，在稳定规模、优化结构、提高质量的基本方针指导下，北京大学研究生教育质量的目标定位锁定在“国家目标、国际视野、创新素质、优质品牌”四个方面，形成“创新是灵魂，质量是关键”的培养理念。2013年，哈尔滨工业大学对全校16单位的研究生教育开展了评估。评估按照“实事求是、简化程序、加强引导、注重实效、提高质量”的原则，采取院系自评和学校评估相结合的方式，围绕研究生招生、研究生课程教学、学位论文过程管理、论文质量及科研成果、研究生教育国际化、教育教学研究与管理、特色及经验等方面开展。西安电子科技大学以提高研究生教育质量为主线，面向学科前沿和国家经济社会发展需求，加强分类分层，创新培养模式，建立和完善了以科学研究为导向的培养体系、以培养目标为导向的质量保证与监督体系、以教育质量为导向的资源分配体系和以综合素质为导向的奖助体系的四大体系，推动实现研究生教育规模、结构、质量和效益的均衡发展。

在各级研究生教育主管部门的推动与各研究生培养单位的努力下，我国研究生教育的战略谋划和培养机制改革已初显成效。2012—2014年持续进行的全国大规模的研究生满意度调查显示，研究生的总体满意度每年都维持在60%以上；连续 3 年对研究生教育不满意持续下降。

《中国研究生教育质量年度报告（2014）》继承了前两个年度报告的总体框架和特点，以多视角、多层面来呈现 2013 年我国研究生教育质量现状。第一是多视角，既对国内研究生教育质量的年度状况进行定量分析和定性判断，也将视野拓宽到发达国家研究生教育质量的改进措施以及国外学者、媒体对我国研究生教育发展的评论；第二是多层面，报告既深入剖析国家层面的研究生教育质量热点，同时对省级层面的研究生教育学科、规模、效益等若干指标进行了排名；第三是报告辑录了研究生教育质量年度要事志、2013 年全国优秀博士学位论文名单、学位与研究生教育优秀博士学位论文名单、学位与研究生教育质量方面的重要文件；第四是重视研究生群体的评价。研究生既是研究生教育质量的载体，也是评判研究生教育质量的重要利益相关方。为此，本报告继续开展了大规模的研究生对研究生教育质量的满意度调查，在 2013 年的基础之上，再次扩大了调查范围，增加了被调查省份、研究生培养单位及研究生等样本数量。同时，本报告还听取了北京市、湖南省、黑龙江省 3 个研究生教育主管部门和本报告专家委员会专家的有关意见和建议。

《中国研究生教育质量年度报告（2014）》从 6 个方面反映了 2013 年研究生教育质量。

第一章，对 2013 年度研究生教育质量的基本情况、政策文本、重大举措和主要问题进行综述，从研究生规模、研究生就业、导师队伍、专业学位人才培养、国际化和满意度等维度展开了质量分析。

第二章，重点围绕研究生教育“国家标准”出台、研究生教育综合改革、研究生招生“申请—审核”机制与中期考核淘汰机制、研究生指导教师制度与责任、部分高校发布《研究生教育质量年度报告》5 个年度热点议题开展剖析。

第三章，聚焦省域研究生教育质量的评价，通过构建研究生质量评价指标体系，选取生师比、每万人在校生数、生均科研经费、学科点培养能力等指标，对省域反映研究生教育质量和排名若干指标进行了评价。

第四章，开展了研究生满意度调查及分析。调查内容包括总满意度以及课程教学、科研训练、指导教师、管理与服务、专业学位研究生满意度 5 个分项满意度。调查范围涉及全国 19 个省、自治区、直辖市的 43 所研究生培养单位的

13000 多名研究生，得到了大量一手数据并进行了全面统计和深入分析。

第五章，综述了美国、英国等境外新闻媒体与学者对我国研究生教育改革发展的评论，梳理了美国、欧盟、南非等国家研究生教育发展改革的最近动向。

附录中辑录了研究生教育质量年度要事志、2013 年全国优秀博士学位论文名单、2013 年学位与研究生教育学会优秀博士学位论文名单、1999—2013 年全国优秀博士学位论文统计排名、学位与研究生教育质量方面的重要文件。

《中国研究生教育质量年度报告（2014）》是继《中国研究生教育质量年度报告（2012）》《中国研究生教育质量年度报告（2013）》后再次推出，本报告期望成为有影响力、公信力和高水平的系列研究性教育质量报告。但是限于有关研究生教育的部分信息公开程度不够，导致一些研究数据无法获取，再加上我们的视野和水平有限，本报告肯定存在一些不足，请各位读者指正。同时，本报告是开放的创作平台，希望能够得到有关部门、专家学者的支持和参与，也欢迎教育界、学术界及社会各界有志于研究生教育质量研究的同仁加入编写团队，共同为我国研究生教育的改革与发展做出贡献。

目 录

Contents

第一章　研究生教育质量评析

一、研究生教育发展基本概况[①]

2013 年全国共有研究生培养单位 830 所，其中普通高校 548 所，科研机构 282 个。研究生培养单位比 2012 年增加 19 个。

2013 年在校研究生 1793953 名，比 2012 年增加了 74135 名，增长率为 4.31%。在校博士研究生 298283 名，占比为 16.63%；在校硕士研究生有 1495670 名，占比为 83.37%。在校研究生中，专业学位博士研究生有 7160 名，专业学位硕士研究生 539226 名。专业学位研究生占在校研究生的比例为 30.46%，比 2012 年提高了 4.32%。

2013 年在校研究生 1793953 名

2013 年在校研究生最多的学科是工学，所占比例超过 1/3。在校研究生比例排在第二位到第四位的分别是管理学、医学和理学，均超过 10%。在校研究生比例位于后三位的学科分别是历史学、哲学、军事学。其中，军事学在校研究生数最少，仅占总体比例的 0.05%。与 2012 年的数据相比，工学、教育学、农学的比例稍有提高，法学、文学、管理学的比例略有下降，其他学科的比例基本没有变动。2013 年分学科在校研究生数与比例见表 1–1。

表1–1　2013年分学科在校研究生数与比例

学　科	在校博士生（人）	在校硕士生（人）	在校研究生合计（人）	比例（%）
哲　学	3 790	10 879	14 669	0.82
经济学	12 612	64 936	77 548	4.32
法　学	15 416	105 998	121 414	6.77

① 2013 年教育数据统计来自教育部发展规划司编印的《中国教育事业发展统计简况》。

续表

学　科	在校博士生（人）	在校硕士生（人）	在校研究生合计（人）	比例（%）
教育学	5 455	79 791	85 246	4.75
文　学	10 258	83 224	93 482	5.21
历史学	4 100	13 705	17 805	0.99
理　学	42 683	131 314	183 997	10.26
工　学	122 475	525 743	648 218	36.13
农　学	12 570	51 208	63 778	3.55
医　学	32 422	164 199	196 621	10.96
军事学	178	710	888	0.05
管理学	23 982	214 852	238 834	13.31
艺术学	2 342	49 111	51 453	2.87
合　计	298 283	1 495 670	1 793 953	100

2013 年研究生招生总数 611381 名，其中招收博士研究生 70462 名，招收硕士研究生 540919 名（学术型学位 316060 名，专业学位 224859 名）。招收的硕士研究生中，专业学位占比为 41.57%，比 2012 年提高了 3.75 百分点。

2013 年研究生招生总数 611381 名

2013 年共毕业研究生 513626 名，比 2012 年增加 5.59 百分点。毕业研究生中博士研究生 53139 名，毕业硕士研究生 460487 名。

2013 年共毕业研究生 513626 名

2013 年全国研究生指导教师有 315815 名

2013 年全国研究生指导教师有 315815 名，比 2012 年增加了 5.82 百分点。研究生导师中有正高级职称 154515 名，副高级职称 146731 名，中级职称 14569 名。按研究生导师指导关系分类，有博士生导师 18280 名，硕士生导师 241200 名，博士、硕士导师 56335 名。2007 年至今，博士生导师、硕士生导师与博士、硕士导师这三类导师的结构基本稳定，三者之间的比例约为 6∶76∶18（图 1–1）。

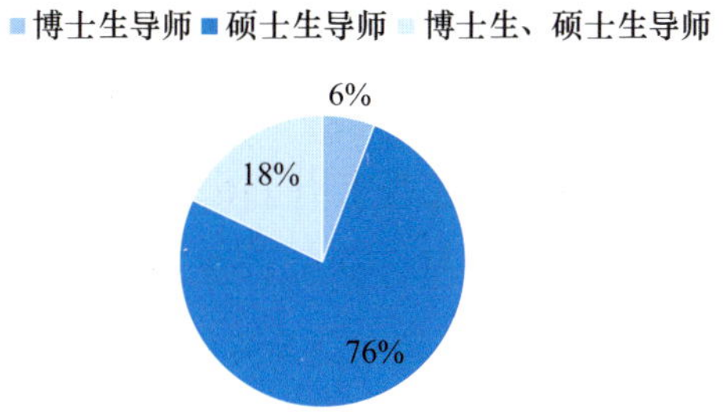

图1-1　2013年全国研究生导师分类结构

研究生指导教师和在读研究生的比例大约为 1∶6。

教育投入持续增长。2012 年全国国内生产总值为 518942.11 亿元，国家财政性教育经费占国内生产总值比例为 4.28%，比上年的 3.93% 增加了 0.35 百分点。2012 年，全国教育经费总投入为 27695.97 亿元，比上年的 23869.29 亿元增长 16.03%。2012 年全国普通高等学校生均公共财政预算教育事业费支出为 16367.21 元，比上年的 13877.53 元增长 17.94%。全国普通高等学校生均公共财政预算公用经费支出为 9040.02 元，比上年的 7459.51 元增长 21.19%。[①]

2012 年国家财政性教育经费占国内生产总值比例为 4.28%

研究与试验性发展（R&D）经费 10298.4 亿元

研发投入是研究生教育质量的重要保障。2012 年，全国共投入研究与试验性发展（R&D）经费 10298.4 亿元，首次突破万亿元大关，比上年增加 1611.4 亿元，增长 18.5%；研究与试验性发展（R&D）经费投入强度（与国内生产总值之比）为 1.98%，比上年的 1.84% 提高 0.14 百分点。按照汇率计算，目前我国的研究与试验性发展（R&D）经费在投入总量方面已经排名世界第三，投入强度方面在新兴发展国家中领先，与发达国家的差距进一步缩小，在国家创新体系建设和深化科技体制改革方面迈出了坚实的步伐。[②]

① 教育部、国家统计局、财政部关于 2012 年全国教育经费执行情况统计公告［EB/OL］. http://www.moe.edu./publicfiles/business/htmlfiles/moe/s3040/201312/xxgk_161346.html.

② 国家统计局社科文司首席统计师关晓静解读《2012 年全国科技经费投入统计公报》［EB/OL］. http://www.stats.gov.cn/tjsj/sjjd/201309/t20130926_448913.html

按研究与试验发展人员（全时工作量）计算的人均经费支出为31.7万元，比上年增加1.6万元。分活动类型看，全国用于基础研究的经费支出为498.8亿元，比上年增长21.1%；应用研究经费支出1162亿元，增长13%；试验发展经费支出8637.6亿元，增长19.2%。基础研究、应用研究和试验发展占研究与试验性发展（R&D）经费总支出的比重分别为4.8%、11.3%和83.9%。分执行部门看，各类企业经费支出为7842.2亿元，比上年增长19.2%；政府属研究机构经费支出1548.9亿元，增长18.5%；高等学校经费支出780.6亿元，增长13.3%。企业、政府属研究机构、高等学校经费支出所占比重分别为76.2%、15%和7.6%。[①]

二、2013年研究生教育质量分析[②]

近年来，学位与研究生教育发展成绩显著，形成了较为完善的研究生培养体系，基本达到了能自主培养各类高层次人才的战略目标。2013年，研究生规模继续保持增长，学科结构和学位类型结构进一步优化，学风建设和质量文化建设得到加强，提高研究生质量成为研究生教育的主旋律，较好地满足了研究生个人发展和经济社会发展的需求。

（一）研究生招生规模保持小幅增长

根据2006—2013年的研究生招生情况和在校研究生规模来分析，在研究生教育内涵发展的阶段，研究生教育规模仍然在随社会经济发展保持小幅度的增长，招生增长数中90%以上是硕士生（表1–2）。2013年研究生招生增长幅度是3.68%，为近年来招生增长幅度最低的一年。

2013年研究生招生增长幅度是3.68%

① 国家统计局，科学技术部，财政部. 2012年全国科技经费投入统计公报［EB/OL］. http://www.sts.org.cn/tjbg/tjgb/document/2013/20130927. htm.

② 数据来自教育部发展规划司编印的《中国教育事业发展统计简况》。

表1-2　2006—2013年研究生招生和在校研究生规模增长情况　（单位：人）

年　份	研究生招生	博士生招生	硕士生招生	在校研究生	在校博士生	在校硕士生
2006	397 925	55 955	341 970	1 104 653	208 038	896 615
2007	418 612	58 022	360 590	1 195 047	222 508	972 539
2008	446 422	59 764	386 658	1 283 046	236 617	1 046 429
2009	510 953	61 911	449 042	1 404 942	246 319	1 158 623
2010	538 177	63 762	474 415	1 538 416	258 950	1 279 466
2011	560 168	65 559	494 609	1 645 845	271 261	1 374 584
2012	589 673	68 370	521 303	1 719 818	283 810	1 436 008
2013	611 381	70 462	540 919	1 793 953	298 283	1 495 670

2006—2013年，研究生招生规模从397925人增长到611381人，增长了53.64%（图1–2）；硕士生招生规模从341970人增长到540919人，增长了58.18%（图1–3）；博士生招生规模从55955人增长到70462人，增长了25.93%（图1–4）。

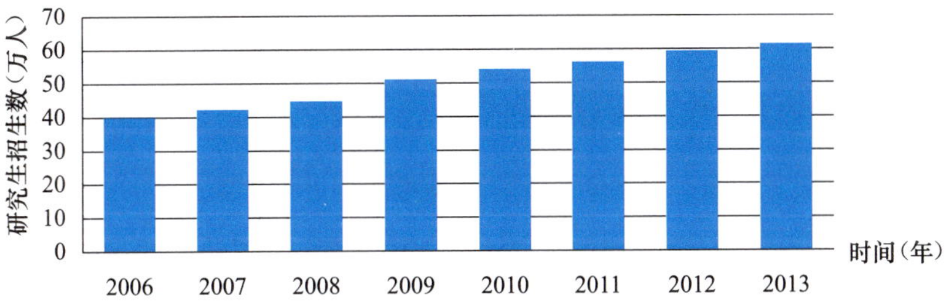

图1-2　2006—2013年研究生招生规模增长情况

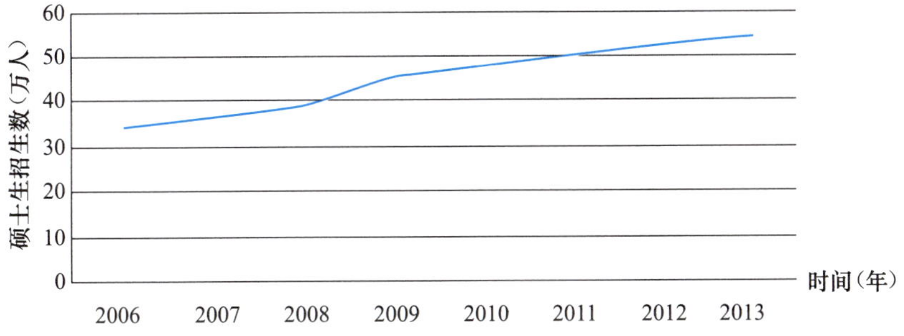

图1-3　2006—2013年硕士生招生增长情况

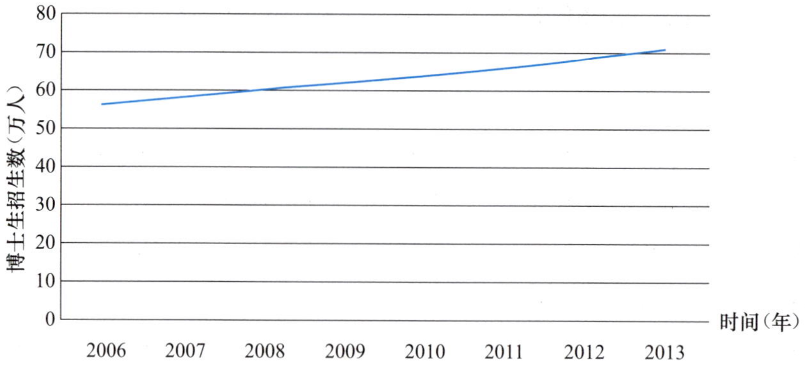

图1-4 2006—2013年博士生招生增长情况

（二）研究生就业体现学历优势

北京大学教育经济研究所 2013 年 6 月对 21 个省份 30 所高校的问卷调查结果表明，高校毕业生毕业时初次就业率为 71.9%。从学历层次比较来看，初次就业率呈现两头高中间低的特点，其中专科生为 79.7%，本科生为 67.4%，硕士生与博士生均为 86.2%。高校毕业生月起薪的平均值为 3378 元。学历越高起薪越高，其中专科生为 2285 元，本科生为 3278 元，硕士生为 5461 元，博士生为 8800 元，各层次的高等教育收益率都很高。①

（三）研究生导师队伍基本满足研究生培养需求

研究生导师担负着对研究生进行学科前沿引导、科研方法指导和学术规范教导的重要职责，是研究生培养的第一责任人。导师的数量和水平对研究生教育质量有着重要的影响。研究生导师从 2007 年的 206034 名增长到 2013 年的 315815 名，增长了近 53%，年均增长超过 7%（图 1–5）。研究生导师的增长幅度与研究生在校生规模的增幅基本持平，生师比稳定在 6 : 1，按学制三年计算，平均一个导师一届指导两名研究生，研究生导师数量完全满足研究生教育的需求。按指导关系计算，平均一个博士生导师指导 4 名博士研究生，一个硕士生导师指导

平均一个博士生导师指导 4 名博士研究生

① 岳昌君. 2013 年高校毕业生就业状况调查报告［M］// 杨东平. 中国教育发展报告（2014）. 北京：社会科学文献出版社，2014.

5 名硕士研究生。2007—2013 年研究生导师和在校研究生数及生师比见表 1–3。

一个硕士生导师指导 5 名硕士研究生

表1–3　2007—2013年研究生导师和在校研究生数及生师比

年　份	研究生导师数（人）	在校研究生数（人）	生师比
2007	206 034	1 195 047	5.8 : 1
2008	223 944	1 283 046	5.7 : 1
2009	239 857	1 404 942	5.9 : 1
2010	260 465	1 538 416	5.9 : 1
2011	272 487	1 645 845	6.0 : 1
2012	298 438	1 719 818	5.8 : 1
2013	315 815	1 793 953	5.7 : 1

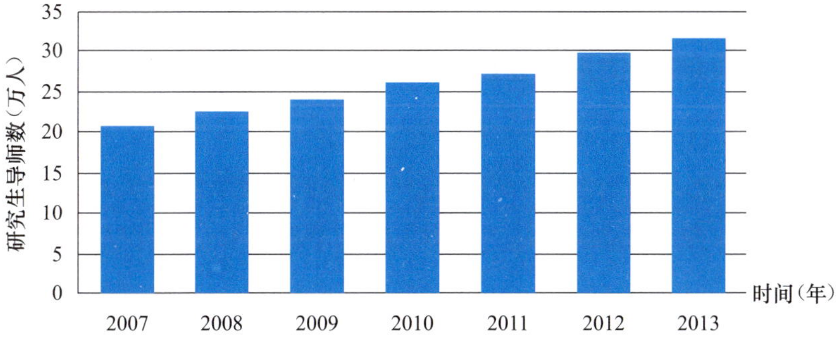

图1–5　2007—2013年研究生导师的增长情况

从研究生导师的职称结构方面分析，2008 年以来，具备正高级职称的研究生导师比例在小幅下降，具备副高级职称的研究生导师比例基本持平，具备中级职称的研究生导师比例不断提高（表 1–4，图 1–6）。中级职称的研究生导师从 2008 年的不足 2% 提高到 2013 年的近 4%，成为研究生导师队伍中的新力量。

表1–4　研究生导师职称结构

年　份	正高级（%）	副高级（%）	中级（%）
2008	51.94	46.34	1.72
2009	51.20	46.56	2.24
2010	50.97	46.16	2.87
2011	49.68	46.88	3.44
2012	49.13	46.79	4.08
2013	48.93	46.46	4.61

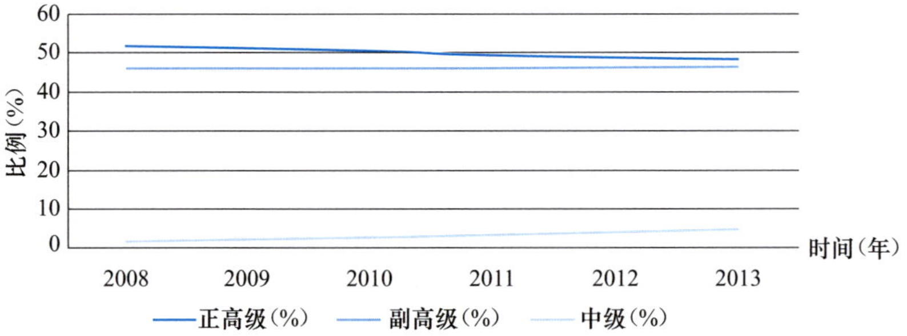

图1–6　2008—2013年研究生导师职称构成及变化

（四）应用型人才培养更加符合社会需求

有效服务社会需求要求增加应用型人才供给，积极发展专业学位研究生教育，不断优化研究生教育结构和布局，进一步提高研究生教育质量。

2013 年，专业学位研究生已经在招生比例中超过 1/3，在校专业学位研究生占比为接近 1/3，专业学位研究生在校生达 54.6 万，与 2009 年的 12.8 万相比翻了两番还多（表 1–5，图 1–7）。

表1–5　2009—2013年专业学位研究生统计数据

年　份	研究生招生总数	专业学位招生数	专业学位招生比例	在校研究生数	专业学位在校生	专业学位在校生比例
2009	510 953	72 239	14.1%	1 404 942	128 325	9.1%
2010	538 177	119 299	22.2%	1 538 416	221 664	14.4%

续表

年 份	研究生招生总数	专业学位招生数	专业学位招生比例	在校研究生数	专业学位在校生	专业学位在校生比例
2011	560 168	159 942	28.6%	1 645 845	338 042	20.5%
2012	589 673	198 883	33.7%	1 719 818	449 674	26.1%
2013	611 381	228 578	37.4%	1 793 953	546 386	30.5%

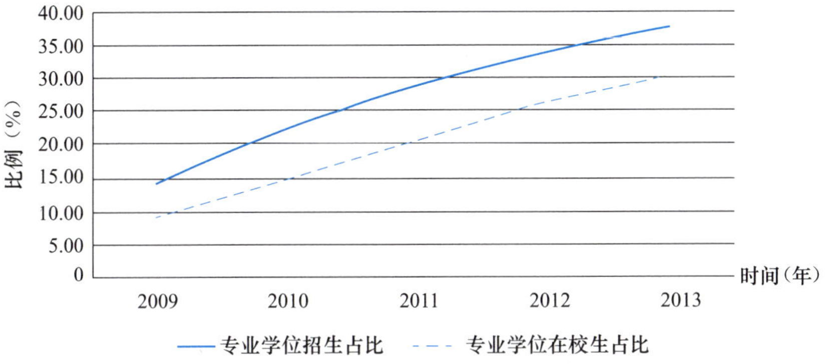

图1-7　2009—2013年专业学位研究生增长情况

（五）来华留学研究生规模持续增长

留学生的规模、层次、结构等从一个侧面反映了一个国家的教育质量和国际影响力。[①] 随着研究生教育强国建设的进一步推进，我国的研究生教育的国际影响力也在逐步增大，吸引了世界各地的留学生来华攻读研究生学位。

2013 年，来华留学生达到 356499 人，其中攻读研究生硕士、博士学位的达 40602 人

2013 年，来华留学生达到 356499 人。其中，攻读研究生硕士、博士学位的达 40602 人，占来华留学生人数的 11.39%，占攻读学历教育留学生的 27.01%。2009—2013 年，来华留学的博士生从 4751 人增长到 9774 人，硕士生从 14227

① 王战军．我国研究生教育的国际影响力［J］．国家教育行政学院学报，2013（02）：16—19.

人增加到 30828 人，规模翻了一番还多（表 1–6）。来华留学研究生在留学生总体中的比例逐年提高，从 7.97% 增长到 11.39%。留学研究生在来华接受学历教育的留学生中比例从 20.31% 提高到 27.45%。来华留学生的硕士生和博士生的比例基本稳定在 3∶1（表 1–7）。

表1–6　2009—2013年来华留学研究生基本情况

年　度	来华留学人数	学历教育人数	研究生人数	硕士生人数	博士生人数
2013	356 499	147 890	40 602	30 828	9 774
2012	328 330	133 509	36 060	27 757	8 303
2011	292 611	118 837	30 376	23 453	6 923
2010	265 090	107 432	24 866	19 040	5 826
2009	238 184	93 450	18 978	14 227	4 751

注：① 2009—2012 年数据来自中国高等教育学会外国留学生教育管理分会（http://www.cafsa.org.cn/index.php?mid=6&tid=615）；
② 2013 年数据来自教育部国际合作与交流司编写的《2013 年来华留学生简明统计》。

表1–7　2009—2013年留学研究生的相对数量及增长情况

年　度	留学研究生占留学生总体的比例	留学研究生占学历教育留学生的比例	留学硕士生和博士生之比	留学研究生增长率	留学硕士生增长率	留学博士生增长率
2013	11.39%	27.45%	3.15	12.59%	11.06%	17.72%
2012	10.98%	27.01%	3.34	18.71%	18.35%	19.93%
2011	10.38%	25.56%	3.39	22.16%	23.18%	18.83%
2010	9.38%	23.15%	3.27	31.03%	33.83%	22.62%
2009	7.97%	20.31%	2.99	32.89%	37.15%	21.57%

注：① 2009—2012 年数据来自中国高等教育学会外国留学生教育管理分会（http://www.cafsa.org.cn/index.php?mid=6&tid=615）。
② 2013 年数据来自教育部国际合作与交流司编写的《2013 年来华留学生简明统计》。

2013年，韩国、越南、巴基斯坦等20个国家和地区的来华留学研究生超过500名；巴基斯坦来华攻读博士学位的留学生最多，达到1522名；韩国来华攻读硕士学位的留学生最多，达到2758名。来华留学研究生超过500名的国家和地区见表1–8。

2013年，韩国、越南、巴基斯坦等20个国家和地区的来华留学研究生超过500名

表1–8 来华留学研究生超过500名的国家和地区 （单位：人）

序 号	国家和地区	硕士生	博士生	合 计
1	韩 国	2 758	1 197	3 955
2	越 南	2 547	984	3 531
3	巴基斯坦	908	1 522	2 430
4	泰 国	1 944	359	2 303
5	蒙 古	1 714	343	2 057
6	俄罗斯	1 517	163	1 680
7	美 国	1 082	283	1 365
8	法 国	1 032	56	1 088
9	尼泊尔	922	126	1 048
10	印度尼西亚	911	72	983
11	哈萨克斯坦	858	62	920
12	马来西亚	680	158	838
13	老 挝	682	66	748
14	日 本	591	137	728
15	德 国	582	86	668
16	加 纳	449	140	589
17	印 度	446	127	573

续表

序号	国家和地区	硕士生	博士生	合计
18	加拿大	404	147	551
19	苏丹	235	312	547
20	意大利	490	53	543

（六）研究生满意度比上年略有降低①

2014 年，研究生教育满意度调查课题组从对中国科学技术大学、北京交通大学、湘潭大学等 43 所研究生培养单位回收的 13310 份有效调查问卷进行统计表明，研究生对研究生教育的总体满意率（含非常满意、比较满意）达 66.4%，比 2013 年的满意率降低 1 百分点，比 2012 年 63.1% 的满意率高出 3.3 百分点。2012—2014 年研究生满意率比较详见图 1–8。

研究生对研究生教育的总体满意率（含非常满意、比较满意）达 66.4%

2014 年研究生满意度度调查表明，博士生的总体满意度为 70.9%，高于硕士生 65.5% 的满意度。专业学位研究生满意率为 67.0%，比学术学位研究生 66.2% 的满意率略高。

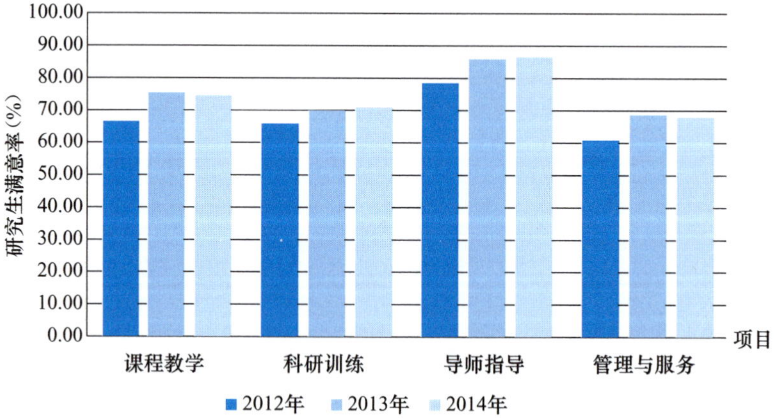

图1–8 2012—2014年研究生满意率比较

① 详见本书第五章。

研究生对课程教学方面的满意率为 74.7%，比 2013 年降低 1 百分点；研究生对科研训练的满意率为 71.0%，比 2013 年提高 1.1 百分点；研究生管理与服务方面的满意率为 68.1%，比 2013 年降低 0.7 百分点；研究生对指导教师的评价，满意率达 86.7%，比 2013 年高出 0.5 百分点。总体而言，研究生对导师指导最为满意，而且对导师的满意率逐年提高。①

研究生对导师指导最为满意

三、提高研究生教育质量的主要举措

（一）深化研究生教育改革

《关于深化研究生教育改革的意见》就深化研究生教育改革提出了二十八条意见

为进一步提高研究生教育质量，教育部、国家发展改革委、财政部三部委联合印发《关于深化研究生教育改革的意见》，就深化研究生教育改革提出了二十八条意见。其主要内容可以概括为“一条主线、两个着力点、四个更加突出、四个转变、一个体系”，即：以“服务需求、提高质量”为主线；以分类推进培养模式改革、统筹构建质量保障体系为着力点；更加突出服务经济社会发展，更加突出创新精神和实践能力培养，更加突出科教结合和产学结合，更加突出对外开放；发展方式从注重规模发展转变为注重质量提升，培养类型结构以学术学位为主转变为学术学位与专业学位协调发展，培养模式从注重知识学习转变为知识学习和能力培养并重，人才质量评价方式从注重在学培养质量转变为学习期间的学业表现与毕业后的职业发展能力并重；到 2020 年，基本建成规模结构适应需要、培养模式各具特色、整体质量不断提升、拔尖创新人才不断涌现的研

① 研究生教育质量报告编研组. 中国研究生教育质量年度报告（2013）[M]. 北京：中国科学技术出版社，2014.

究生教育体系。

《关于深化研究生教育改革的意见》是改革开放以来国家首次以三部委联合发文的形式来推进研究生教育改革。此次改革特别注重的是顶层设计和系统推进，文件从研究生招生选拔制度、人才培养模式、导师责权机制、质量评价监督机制、开放合作、政策和条件保障以及组织领导等方面对深化研究生教育改革提出了明确、具体的意见和要求。

在质量评价监督机制方面提出了5条意见。一是要求改革质量评价机制。发布培养单位质量保证体系建设规范。按照一级学科和专业学位类别分别制定博士、硕士学位基本要求。学术学位注重学术创新能力评价，专业学位注重职业胜任能力评价。研究生教育质量评价要更加突出人才培养质量，要坚持在学培养质量与职业发展质量并重。强化质量在资源配置中的导向作用。二是要强化培养单位质量保证的主体作用。培养单位要加强培养过程的质量管理。按照一级学科和专业学位类别，分别设立研究生培养指导委员会，专业学位研究生培养指导委员会应有一定比例的行业和企业专家参加。定期开展自我评估，加强国际评估。建立毕业生跟踪调查与用人单位评价的反馈机制，主动公开质量信息。三是要完善外部质量监督体系。加快建设以教育行政部门监管为主导，行业部门、学术组织和社会机构共同参与的质量监督体系。加强研究生教育质量评估，加大学位论文抽检力度，改进优秀博士学位论文评选办法，统筹学科评估。对评估中存在问题的单位，视情做出质量约谈、减少招生计划、停止招生直至撤销学位授权的处理。建立专业学位教育质量认证体系，鼓励培养单位参与国际教育质量认证。四是建立质量信息平台。建设在学研究生学业信息管理系统，建立研究生教育质量信息分析和预警机制。加大信息公开力度，公布质量标准，发布质量报告和评估结果，接受社会监督。五是规范在职人员攻读硕士专业学位和授予同等学力人员硕士、博士学位工作的管理。同等学力人员申请学位，须将学位论文在研究生教育质量信息平台上公示。

在强化政策和条件保障方面提出鼓励改革试点。着力破除制约研究生教育质量提高的体制机制障碍和政策瓶颈，营造良好的政策环境。鼓励有条件的地区和培养单位开展研究生教育综合改革试点，建设拔尖创新人才和高层次应用型人才培养示范平台，积极探索提高质量的新机制。

（二）加大研究生教育投入力度

为进一步加大研究生教育投入力度，提高研究生培养质量，2013 年，财政部、教育部印发了《关于完善研究生教育投入机制的意见》，主要内容包括完善财政拨款制度、完善奖助政策体系、建立健全收费制度等三个方面，旨在建立健全以政府投入为主、受教育者合理分担培养成本、高等学校等研究生培养机构多渠道筹集经费的研究生教育投入机制，全面激发研究生教育的活力，促进研究生教育持续健康发展。

《关于完善研究生教育投入机制的意见》

- **完善财政拨款制度**
- **完善奖助政策体系**
- **建立健全收费制度**

新的研究生教育投入机制在实行收费制度、健全成本分担机制的同时，更加注重财政拨款制度和奖助政策体系的完善。政策措施实施后，研究生所获资助总体上超过其应缴纳的学费，资助水平得到提高。一系列政策措施是系统设计、有机衔接的，其根本目的是推动研究生教育综合改革、提高我国研究生培养质量、服务于科教兴国和人才强国战略。[①] 研究生教育投入机制改革提出的政策举措见表 1–9。

表1–9 研究生教育投入机制改革提出的政策举措

名 称	当前存在的问题	针对性政策举措
财政拨款制度	中央和地方拨款制度各异、拨款标准多年未变、拨款范围仅限于国家计划内的学术学位研究生、拨款方式单一等	（一）中央高校方面：扩大拨款范围、提高拨款标准、更加关注绩效 （二）地方高校方面：要求各地参照中央高校模式，完善地方高校研究生教育拨款制度

① 三部门就完善研究生教育投入机制和深化改革答问［EB/OL］. http://www.gov.cn/gzdt/2013-03/04/content_2344738.htm.

续表

名　称	当前存在的问题	针对性政策举措
奖助政策体系	资助方式和经费来源较为单一、资助标准相对较低、各地情况各异等	以财政投入为主，按规定统筹高校自筹经费、科研经费、助学贷款、社会捐助等资金，建立健全多元奖助政策体系
收费制度	研究生收费与免费并存、成本分担机制不健全	一是实行收费制度 二是合理确定收费标准 三是加强收费管理

2013 年 7 月，财政部、教育部颁布了《研究生学业奖学金管理暂行办法》《研究生国家助学金管理暂行办法》两个《关于完善研究生教育投入机制的意见》的配套文件，标志着新的研究生奖助政策体系基本形成。新的奖助政策体系由三大类构成：第一类是激励优秀的研究生国家奖学金和学业奖学金，国家奖学金标准为博士生 3 万元、硕士生 2 万元，学业奖学金标准为不超过国家奖学金标准的 60%，即博士生最高 1.8 万元、硕士生最高 1.2 万元；第二类是保障公平的国家助学金和助学贷款，国家助学金标准为博士生不低于 1 万元、硕士生不低于 0.6 万元，国家助学贷款的年度最高限额原则上不超过年度学费和住宿费标准总和。第三类是按劳分配的“三助”津贴（助教、助研、助管），以鼓励研究生积极参与教学、科研和管理等工作。

全国研究生教育工作会议以“服务需求、提高质量”为主线

（三）召开全国研究生教育工作会议

2013 年 7 月，召开了全国研究生教育工作暨国务院学位委员会第三十次会议。全国研究生教育工作会议以“服务需求、提高质量”为主线，对新时期深化研究生教育改革工作进行了全面部署。刘延东在全国研究生教育工作会议上讲话强调，研究生教育是创新型人才的主要来源和建设创新型国家的重要领域，要以服务国家需求为导向，以提高培养质量为核心，优化规模、布局和学科结构，坚持分层次办学和特色发展。要分类推进培养模式改革，实现知识学习和能力培养并重，学术学位与专业学位协调发展，完善质量监督体系，健全导师责权机制，强化研究生社会责任感、科学精神和创新实践能力培养，全面提高培养质量。要深化高校与科研院所、企业的合作，广泛开展国际合作交流，不断提升研究生教育开放办学水平。要统筹协调，加快职能转变，形成中央、地方、培养单位各负其责，招生、培养、评价各环节系统配套的研究生教育综合改革格局。①

此次研究生教育工作会议是21世纪以来的第一次全国研究生教育工作会议，会议通过部署研究生教育综合改革工作来推进研究生教育内涵发展和质量提升，在研究生教育发展史具有标志性意义。

专业学位研究生人才培养模式改革是深入推进研究生教育改革的突破口

（四）深入推进专业学位研究生人才培养模式改革

专业学位研究生人才培养模式改革是深入推进研究生教育改革的突破口。2013年9月，教育部在江苏召开全国专业学位研究生培养模式改革推进会，杜占元副部长在讲话中强调专业学位研究生培养模式改革是下一阶段研究生教育改革的重点、难点和突破口，专业学位在定位方面要坚持同等重要、一流标准和特色突出，要围绕“服务需求、提高质量”这一主线，坚持需求导向、能力为重和产学结合，抓住课程、实践、学生、教师等关键，统筹推进学位授权、招生考试、质量保障等改革，努力构建与经济社会发展相适应、具有中国特色的专业学位研究生培养模式，全面提升专业学位研究生培养质量。杜占元副部长对专业学位研究生教育的各利益相关者提出了具体要求：省级教育主管部门要加强统筹协调，引导、支持、保障专业学位研究生培养模式改革；专业学位研究生教育指导委员会要加强自身建设，增强服务意识，充分发挥咨询、指导等作用，推动专业学位研究生培养模式改革；培养单位要主动服务经济社会发展人才需求，转变理

① 刘延东：深化改革 推进研究生教育内涵发展［EB/OL］. http://www.gov.cn/ldhd/2013-07/10/content_2444406.htm.

念，加大投入，积极开展培养模式改革实践。[①]

2013 年 11 月，教育部、人力资源社会保障部联合发布《关于深入推进专业学位研究生培养模式改革的意见》，提出要深入推进专业学位研究生教育人才培养模式改革，加快完善体制机制，不断提高研究生教育质量。改革的目标是以职业需求为导向，以实践能力培养为重点，以产学结合为途径，建立与经济社会发展相适应、具有中国特色的专业学位研究生培养模式。该意见强调培养单位是质量保证体系的主体，应完善校内质量监督机制，建立招生、培养、学位授予等全过程质量保障制度，加强专业学位毕业生就业质量和职业发展跟踪。国家将按专业学位类别（或领域）制定博士、硕士专业学位基本要求，建立与特定职业岗位要求相适应的质量评价标准，完善质量监管制度，加快建立管理服务平台，推进招生、培养、就业信息公开。[②]

此外，教育部还决定设立专业学位研究生教育指导委员会建设项目，以支持专业学位研究生教育领域具有共性的专项工作和建设项目，促进培养单位提升专业学位研究生教育质量。

（五）出台首部研究生教育质量“国家标准”

2013 年，国务院学位委员会、教育部共同印发了针对学术学位的《一级学科博士、硕士学位基本要求》，旨在为培养单位制订研究生培养方案和学位授予标准提供相应的依据，为导师指导研究生提供必要的参考，为教育行政部门开展研究生教育质量监督和评估提供标准。这也标志着评价研究生教育质量有了“国家标准”。

评价研究生教育质量有了“国家标准”

《一级学科博士、硕士学位基本要求》由国务院学位委员会、教育部委托国务院学位委员会第六届学科评议组编写，是对《国家中长期教育改革和发展规划

---

① 全国专业学位研究生培养模式改革推进会在江苏宜兴召开［EB/OL］. http://www.ec.js.edu.cn/art/2013/9/18/art_4340_131201.html.

② 教育部：深入推进专业学位研究生培养模式改革［EB/OL］. http://edu.people.com.cn/n/2013/1126/c1053-23659804.html.

纲要（2010—2020年）》和《关于深化研究生教育改革的意见》的进一步落实。该基本要求从学科前沿、社会需求、知识结构、综合素养与能力、基本规范等方面提出了各学科研究生获得博士或硕士学位时必须达到的要求，充分反映了各一级学科研究生培养的特点，为培养单位制定本单位的博士、硕士学位标准留有空间，兼具执行性和指导性。①

为规范和指导研究生培养单位的学科建设、培养方案制订和学位授予等工作，国务院学位委员会和教育部根据新修订的《学位授予和人才培养学科目录（2011年）》印发了《学位授予和人才培养一级学科简介》，从学科概况、学科内涵、学科范围、培养目标和相关学科5个方面对全部110个一级学科进行了界定和描述。②

此外，针对专业学位的《博士、硕士学位基本要求》，国务院学位委员会、教育部已委托全国专业学位研究生教育指导委员会按专业学位类别（或领域）制定，计划在2014年完成。

《博士、硕士学位基本要求》的制定和实施，对保障研究生教育质量和博士、硕士学位授予工作具有重要意义，为研究生教育质量监督和分类评估建立了参考依据（参见图1–9）。

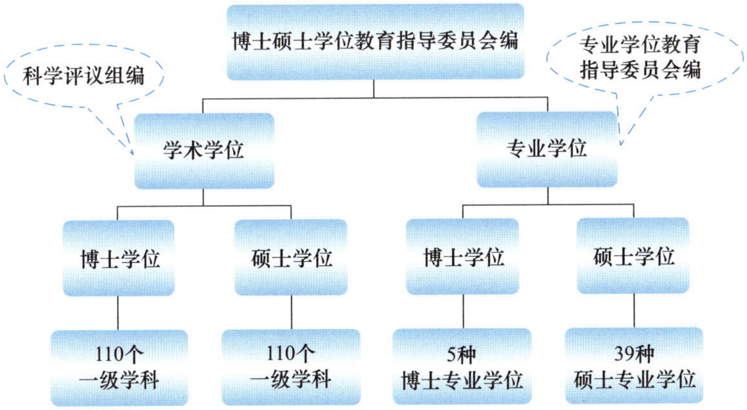

图1–9　研究生教育质量标准体系

① 国务院学位委员会第六届学科评议组．一级学科博士、硕士学位基本要求［M］．北京：高等教育出版社，2014.

② 国务院学位委员会第六届学科评议组．学位授予和人才培养一级学科简介［M］．北京：高等教育出版社，2013.

四、制约研究生教育质量提升的主要问题

（一）部分高校研究生课程教学与人才培养目标脱节

高质量的课程学习对于强化研究生的科学方法训练、培养研究生的学术素养都起着重要的作用。然而，近两年的研究生教育满意度调查结果均表明，研究生对课程教学效果的评价普遍偏低。一是课程设置不合理，随意性大、因人设课现象依然存在；二是课程内容陈旧，不能及时追踪学术前沿；三是教学方法和手段落后，有的高校仍然延续满堂灌、填鸭式的教学方法，不能发挥学生在学习中的主体作用。课程问题得不到解决，将极大影响学术学位研究生的创新能力的培养，同时也不利于提升专业学位研究生的职业能力。

（二）实践育人机制不健全，研究生培养模式单一

专业学位研究生的培养应以职业需求为导向，以实践能力培养为重点，采取产学相结合的培养模式。然而，由于缺乏相关的政策法规，如通过财政支持、购买服务、税收优惠等方式支持实践育人等，造成在实践中仍存在培养单位对实践育人重视不够、投入不够，社会配合度不够的问题，一些培养单位对专业学位研究生和学术学位研究生的培养几乎没有区别。严重影响专业学位研究生的培养质量。

（三）研究生的学习和研究投入度不够

研究生自身对学习和科研的投入度也是影响研究生教育质量的主要因素之一。学习和研究投入度是研究生在接受教育的过程中，受环境影响和内在心理作用，主动参与课程学习、课题研究等主观能动性的表现。然而，调查结果表明，近一半的研究生特别是硕士研究生在学期间不能全身心投入学习和研究工作中，考研动机不纯、“混文凭”的现象依然严重。

（四）研究生国家奖学金覆盖面太小，不能真正发挥其应有的作用

研究生国家奖学金是用于奖励普通高等学校中表现优异的全日制研究生，每年的奖励名额是 4.5 万个。然而，这个奖励名额与我国庞大的在校研究生数量相

比则显得太少，加之奖金数额较大（博士生 3 万元，硕士生 2 万元），出现研究生获奖动机和目的趋向功利化的现象：恶意竞争，违背学术诚信，宁滥勿缺，等等。这不仅不能激发学生的学习积极性，还有可能破坏同学间的人际关系，甚至可能引发导师之间的矛盾，不能发挥该奖在提升研究生教育质量方面应起的作用。

第二章　学位与研究生教育质量热点议题

为贯彻落实中共十八大关于全面深化改革的战略部署，中共十八届三中全会研究了全面深化改革的若干重大问题。《中共中央关于全面深化改革若干重大问题的决定》提出“全面深化改革的总目标是完善和发展中国特色社会主义制度，推进国家治理体系和治理能力现代化。必须更加注重改革的系统性、整体性、协同性，加快发展社会主义市场经济、民主政治、先进文化、和谐社会、生态文明，让一切劳动、知识、技术、管理、资本的活力竞相迸发，让一切创造社会财富的源泉充分涌流，让发展成果更多更公平惠及全体人民。”为深入推进我国学位与研究生教育改革，三部委 2013 年出台了《教育部、国家发展改革委、财政部关于深化研究生教育改革的意见》等主要政策，召开了全国研究生教育工作视频会议，学位与研究生教育综合改革与质量提高进入一个新的发展阶段。

一、研究生教育“国家标准”出台

（一）国务院学位委员会、教育部联合印发《一级学科博士、硕士学位基本要求》

2013 年 9 月下旬，国务院学位委员会、教育部联合印发了针对学术学位的《一级学科博士、硕士学位基本要求》（简称《基本要求》）。国务院学位委员会第六届学科评议组按照保证质量、体现特色、突出能力的要求，综合考虑各学位授予单位研究生培养的实际，在反复研究并广泛征求学位授予单位意见的基础上，从学科前沿、社会需求、知识结构、综合素养与能力、基本规范等方面研究制定了《一级学科博士、硕士学位基本要求》，在保证《基本要求》具有可执行性的同时，也为学位授予单位制定本单位博士、硕士学位授予标准留有空间。《基本要求》按照一级学科，分三个部分对该一级学科博士、硕士学位基本要求进行界定，第一部分是学科概况和发展趋势；第二部分是博士学位的基本要求，包括获本学科博士学位应掌握的基本知识及结构、获本学科博士学位应具备的基本素质（学术素养、学术道德）、获本学科博士学位应具备的基本学术能力（获取知识能力、学术鉴别能力、科学研究能力、学术创新能力、学术交流能力)、学位论文基本要求(规范性要求、成果创新性要求);第三部分是硕士学位的基本要求,包括获本学科硕士学位应掌握的基本知识、获本学科硕士学位应具备的基本素质(学术素养、学术道德)、获本学科硕士学位应具备的基本学术能力(获取知识能力、科学研究能力、实践能力、学术交流能力)、学位论文基本要求(规范性要求、质量要求)[①]。

国务院学位委员会、教育部委托国务院学位委员会第六届学科评议组制订了《学位授予和人才培养一级学科简介》,从学科概况、学科内涵、学科范围、培养目标和相关学科五个方面对110个一级学科进行界定和描述[②]。2011年3月印发实施的《学位授予和人才培养学科目录(2011年)》是对《授予博士、硕士学位和培养研究生的学科、专业目录(1997年)》修订而成的。该次修订体现了进一步扩大学位授予单位办学自主权,促进学科交叉融合,适应经济社会发展对高层次人才的需求,改革学科设置与管理机制等特征,整个学科目录只设置学科门类和一级学科,二级学科由学科授予单位在一级学科授权范围内自主设置。依据新目录新编写的《学位授予和人才培养一级学科简介》,将有助于研究生培养单位加强学科建设、优化培养方案和保证学位质量。

(二)研究生教育“国家标准”的出台引起了舆论的正面反响

《一级学科博士、硕士学位基本要求》《学位授予和人才培养一级学科简介》发布引起了舆论积极正面的反响,媒体纷纷以“研究生教育有了‘国家标准’”为题进行报道。

因为是首部“国标”,媒体报道的热情较高,中央电视台、新华网、人民网等媒体纷纷进行报道。大部分媒体对“国标”的出台持积极肯定的态度,观点主要集中在:第一,“国标”提出了各学科研究生获得博士或硕士学位时必须达到的要求,具有较强的指导性,从法理上有效地避免了学术学位“掺水”;第二,更好地保障了培养单位培养研究生的自主权;第三,建议划定研究生质量培养标

① 国务院学位委员会第六届学科评议组.一级学科博士、硕士学位基本要求(上下册)[M].北京:高等教育出版社,2014.

② 国务院学位委员会第六届学科评议组.学位授予和人才培养一级学科简介[M].北京:高等教育出版社,2013.

准，为社会开展质量监督提供依据；第四，研究生教育不能仅靠“国家标准”，还应采取措施提高培养院校以及研究生自身的主动性和积极性，等等。

网民观点主要有：“国标”的出台将给研究生教育质量带来新变化，有利于提升研究生素质和创新能力；研究生扩招，忽视质量，甚至“二本”、“三本”都有念研究生的，这是赚钱第一，不顾质量降档的根本；理论和实践的脱节是当前中国研究生教育最大的弊端，搞理论的眼高手低，搞实践的目光短浅；对比美国、日本等国的做法，国外研究生教育没有出台“国标”的先例，我国首次出台国标，其效果有待观察；质疑“国标”出台迟缓，我国开展研究生教育已 30 余年，现在才颁布“国标”，有“亡羊补牢”的意味。

媒体和网民的典型言论有：

——因为国家标准对学校、导师和学生会同时起到促进作用，所以研究生文凭的含金量应该会有所增加。但研究生文凭的真正含金量在于学生最终具有的创新素质和创新能力，这不是靠国家标准就能解决的，而更多有赖于学校、导师和学生的主观能动性。

——此次出台的“国家标准”，从学科前沿、社会需求、知识结构、综合素养与能力、基本规范等方面提出了各学科研究生获得博士或硕士学位时必须达到的要求，具有较强的指导性，从法理上有效地避免了学术学位研究生学位“掺水”以及学术研究“闭门造车”的弊端。

——标准化生产线，生产标准化人才。大学的特色何在？人才的特性何在？

（三）研究生教育“国家标准”的反思

教育规划纲要提出，要制定教育质量国家标准，建立健全教育质量保障体系。这对教育事业的科学发展具有重要意义。制定完善的教育质量国家标准体系，是应对诸多困难和挑战，推进教育关键领域和重点环节改革的必然选择；教育质量国家标准在改善教育质量的实践中发挥着导向、诊断、基准等作用，是连接教育质量理论与实践的桥梁和纽带，是解决教育改革发展中一系列热点难点问题的关键举措；教育质量国家标准作为国家教育制度的组成部分和根本规范，对教育的变革与发展将产生极为重要的影响，是转变教育行政与管理职能，提升教育行政能力的重要体现；是提高我国教育国际化水平，提升我国教育国际竞争能力的现实需要[1]。

质量标准是质量保障的依据与起点，所谓“标准”就是公认的、共同遵守的准则，而一系列质量标准就构成质量标准体系。学位与研究生教育质量标准体系大致可以分为三个层次，处于最顶层的是国家标准，其反映的是学位与研究生教育最共性的、最基本的质量要求；处于中观层次的是学科 / 行业 / 领域标准，起着承上启下的作用，既是国家标准的具体化，又是培养单位标准的特殊领域的抽象化；处于操作层次的是培养单位的质量标准，这是最具有可操作性的质量标准，与具体的培养过程、质量保障活动相联。不同层次的学位标准其构成要素有各自的侧重内容和定位，国家和领域标准侧重于比较宏观的定位，而培养单位标准是在国家和领域标准框架下的细化和量化。

我国学位与研究生教育国家质量标准的法律依据或者法律表述就是《中华人民共和国学位条例》(简称《学位条例》)。《学位条例》规定，通过硕士学位的课程考试和论文答辩，成绩合格，达到下述学术水平者，授予硕士学位：(一)在本门学科上掌握坚实的基础理论和系统的专门知识；(二)具有从事科学研究工作或独立担负专门技术工作的能力。关于博士学位的规定是，通过博士学位的课程考试和论文答辩，成绩合格，达到下述学术水平者，授予博士学位：(一)在本门学科上掌握坚实宽广的基础理论和系统深入的专门知识；(二)具有独立从事科学研究工作的能力；(三)在科学或专门技术上做出创造性的成果。《学位条例》关于硕士学位和博士学位授予标准的规定在我国实质上发挥着研究生教育国家质量标准的作用，成为研究生培养单位制定学位授予实施办法的依据和准则。因此，从我国学位与研究生教育质量标准体系架构来看，《学位条例》是学位与研究生教育质量的国家标准。

本次受国务院学位委员会委托，由国务院学位委员会第六届学科评议组编制的《一级学科博士、硕士学位基本要求》《学位授予和人才培养一级学科简介》，从学位与研究生教育质量标准体系架构而言，则是属于质量标准体系的中观层次，主要是针对学术学位的 55 个一级学科制定的博士、硕士学位基本要求。考虑到我国学位与研究生教育一直实行的是国家学位授权体系，而且，学位和研究

---

① 高宝立：制定教育质量国家标准的重要意义［EB/OL］.http://onsgep.moe.edu.cn/edoas2/website7/leve13.Jsp?id=1321323989968172.

生学科划分本身就带有国家强制性，因此，基于学科的中观层面的学位与研究生教育质量标准也就带有了“国家标准”的特质。但是，这个学科层面的“国家标准”是指导性的，与《学位条例》的强制性和法律效力是有本质区别的。因此，《一级学科博士、硕士学位基本要求》在保证其具有可执行性的同时，也为学位授予单位制定本单位博士、硕士学位授予标准留有空间。

基于学科的中观层次的学位与研究生教育质量标准的制定有其特殊的背景，其中一个主要方面就是研究生培养单位一直依仗的《学位条例》所规定的博士、硕士学位授予标准已经难以适应研究生教育的发展。在研究生教育规模扩张以前，《学位条例》关于博士、硕士授予标准的规定是合适的，也具有一定操作性，但是，随着研究生教育规模的快速扩张，这个标准本身的合适性、全面性和准确性遭到质疑，而且变得难以操作，据此建立起来的质量保障体系的效力也受到影响。究其原因，《学位条例》制定质量标准的逻辑前提发生了根本性的变化，即当时对于研究生教育的目标、能力要求有一个共同的看法和标准，而现在这些方面显然发生了根本性的变化。伴随着高等教育大众化而来的研究生教育质量观的变迁，不仅对于研究生教育的发展发挥了重要影响，而且推动了研究生教育的改革与发展。但另一方面，在此过程中，表现出了较多的“解构”，而对质量标准却缺乏应有的“建构”，这就在一定程度上导致研究生教育质量标准的混乱与研究生教育质量问题的急剧爆发。

研究生教育质量标准尤其是培养单位研究生教育质量标准通常以培养方案或者个人培养计划为载体。研究生培养计划说明是一套由研究生培养单位提供的本单位研究生培养信息的规范。这套详细的说明是在学科指南的主要框架内制定的。它包括知识掌握、智能、技能、态度和专业学习成果的其他特征。每个研究生进入研究生培养单位后都必须制定个人培养计划，个人培养计划的制定自然要考虑到研究生本人的学习经历与背景、职业发展兴趣以及指导教师的研究领域等因素，以保证研究生个人培养计划的个性化。与此同时，其制定又必须遵循基本的规则，要严格按照本学科研究生培养计划的相关规定来进行，必须满足基本的质量要求。研究生个人培养计划既是研究生培养活动及其质量保障必须遵守的基本依据，又是研究生培养活动及其质量保障落到实处的内在动力。因此，如何将《一级学科博士、硕士学位基本要求》真正内化到研究生培养单位的质量目标、培养过程的质量要求、学位授予的质量标准中是其付诸实施的关键。

这里还涉及一个问题就是学位与研究生教育的“国家标准”与“培养特色”，也就是研究生培养单位如何在严格执行国家标准的同时，保持和增强的培养特色。“国家标准”是国家对于学位与研究生教育质量的一个基准，正如其名称《一级学科博士、硕士学位基本要求》所标识的，它反映的是各个一级学科博士、硕士学位的基本要求，也可以理解为质量标准底线。因此，它必然体现共性。但是，“国家标准”并不追求大一统，并不阻碍研究生培养单位的特色化发展。从整个质量标准体系来看，“国家标准”是一个顶层或者中观层次部分，要使其有效则必须将其纳入整个质量标准体系之中。从质量标准体系的视角来审视“国家标准”和“培养特色”，则“国家标准”是整个研究生教育质量标准的骨骼，“培养特色”是整个研究生教育质量标准的血肉，没有骨骼的支撑则整个研究生教育质量标准就立不起来，没有血肉的充实则整个研究生教育质量标准就会失去活力。

二、研究生教育综合改革

2013 年是学位与研究生教育综合改革年，研究生教育综合改革贯穿 2013 全年。2 月 6 日，国务院常务会议部署完善研究生教育投入机制。3 月 1 日，财政部、国家发展改革委、教育部联合印发《关于完善研究生教育投入机制的意见》。4 月 19 日，教育部、国家发展改革委、财政部联合印发《关于深化研究生教育改革的意见》。7 月 10 日，全国研究生教育工作视频会议召开。11 月 26 日，教育部、人力资源和社会保障部公开发布《关于深入推进专业学位研究生培养模式改革的意见》。一系列改革与发展新政策新措施的出台，受到了舆论的高度关注。

（一）国务院常务会议部署研究生教育投入机制改革

2013 年 2 月 6 日，时任国务院总理温家宝主持召开国务院常务会议，部署完善研究生教育投入机制，决定完善财政拨款制度、研究生奖助政策体系、建立健全研究生教育收费制度。2 月 28 日，财政部、教育部联合印发《关于完善研究生教育投入机制的意见》，从财政拨款制度、奖助政策体系、收费制度三个方面完善研究生教育投入机制。舆论对此给予了广泛的关注，但部分媒体简单地以“研究生教育全部自费”之类标题进行报道，对于总体政策解读有失偏颇。

针对此次研究生教育收费改革，人民网、新华社、中国新闻网等媒体都针对客观事实做了报道。中国经济网、羊城晚报等媒体跟进发表时评。媒体观点主要分为三类：一是聚焦政策出台后的影响，担忧此次研究生教育投入机制改革对贫困学生不公平，甚至将拉大不同收入家庭的教育鸿沟。二是针对部分媒体和网民对政策的误读，做出解读。《中国青年报》刊登的《研究生收费制度改革带来的“鲶鱼效应”》认为研究生教育取消公费，实行有差别的奖学金制度，有利于激发研究生的“研究潜能”。三是对政策实施后续工作提出建议，建议完善高校奖助学金制度，应注重学校和学科公平。

媒体关注的焦点集中在：须建立健全奖助学金体系；或许会阻挡贫困学子的求学之路；研究生自费符合精英教育的特点；有利于提高研究生培养质量；质疑政策出台过程缺乏调研。

研究生教育投入机制改革是两会教育界代表关注的热点之一，全国人大代表、江苏大学校长袁寿其提出“凸显研究生教育战略地位，加大研究生资助力度”的建议；全国人大代表、南开大学校长龚克认为公费研究生消失是时代的进步，这项改革对于提高研究生培养质量将产生正面影响；全国政协委员、湘潭大学副校长刘长庚称，现行的研究生国家奖学金制度覆盖面窄、金额过高，容易把学术激励变成争夺大奖的投机取巧，建议提高研究生国家奖学金的覆盖面，降低过高的奖学金金额，以体现教育公平；全国人大代表、新疆大学生命科学与技术学院教授阿不都拉•阿巴斯希望提高欠发达地区研究生的待遇，东部发达地区和西部欠发达地区应给予区别对待。

新闻跟帖中，网民的主要观点有：一是质疑收费逻辑，担心研究生教育全部自费并不能提高研究生教育质量，反而容易催生出花钱买论文等乱象。二是担心此政策会使“富者愈富，贫者愈贫”，全部自费极有可能阻断贫困学生的求学之路，贫困学生失去学历优势将更难在社会上竞争。三是支持该政策，认为读书交钱理所应当，只有竞争才能培养出人才。

媒体和网民的典型言论有：

——研究生全部自费或许是一种历史趋势，但该考虑到穷学生的情况，不要因为全部自费而将那些品学兼优却家庭贫困的学生拒之门外，这无论对于个人还是国家，都是无法弥补的损失。

——研究生教育收费改革，从全部公费到部分自费再到全部自费，每一个步骤都存在争议。但是，任何一项制度，在所有人面前，都有公平性的一面。

——从高等教育成本分摊理论看，实行研究生收费改革是大势所趋，这可避“双轨制”造成的不同招生标准、权力寻租问题，也可通过奖学金制度，激励研究生求学成才。而奖助学金制度是否完善，是这一改革成败的关键之一。

——研究生教育收费释疑。今天，同学们都在讨论本次研究生教育投入机制政策，最引人关注的当属研究生教育的收费政策。但是，媒体对此的理解大多是在字面上，我们还要看到这次新政增加了奖学金的力度，并提高了研究生的补助力度。

——自费一定会吓跑一些寒门弟子。虽然新政策列举了几种实施自费后的研究生资助办法，但毕竟学费数额是明确的，而对于每个申请者，所能获得的国家奖学金、国家助学金、学业奖学金等资助数额是不确定的，对于大多数处于二线甚至三线城市的导师，优秀生源本来就不容易招到，也不稳定，自费政策可能会对这些导师招生更加不利。

（二）研究生教育综合改革引发舆论密切关注

2013 年 7 月 10 日，教育部、国家发展改革委员会、财政部召开全国研究生教育工作视频会议。视频会上，三部委领导分别就《教育部、国家发展改革委、财政部关于深化研究生教育改革的意见》《财政部、国家发展改革委、教育部关于完善研究生教育投入机制的意见》（简称《意见》）进行了政策解读和工作部署。中共中央政治局委员、国务院副总理、国务院学位委员会主任委员刘延东出席会议并发表重要讲话，强调要完善质量监督体系，健全导师责权机制，强化研究生社会责任感、科学精神和创新实践能力培养，全面提高培养质量。这次会议的召开意味着学位与研究生教育综合改革全面启动①。随后，陕西、江西、山东、湖南等省相继开展研讨会，积极落实研究生教育工作视频会议的精神。9 月 4 日举行的湖南省研究生教育综合改革动员视频会议要求全省各研究生培养单位快速行动，10 月底前拿出具体实施方案。

---

① 学位与研究生教育综合改革全面启动［EB/OL］. http://www.cdgdc.edu.cn/xwyyjsjyxx/sy/syzhxw/ 277760.shtml.

综合改革将紧紧围绕服务需求、提高质量这条主线，以分类推进培养模式改革、统筹构建质量保障体系为着力点，通过改革招生选拔制度、创新人才培养模式、健全导师权责机制、改革评价监督机制、深化开放合作、强化政策和条件保障等一系列重要举措，不断推动研究生教育质量提升和内涵发展，实现到2020年基本建成规模结构适应需要、培养模式各具特色、整体质量不断提升、拔尖创新人才不断涌现的研究生教育体系的目标，为我国进入人才强国和人才资源强国行列提供有力支撑。

媒体普遍赞成减少对研究生教育的公费投入，研究生教育是精英教育，个人应当承担部分成本。21.7%的报道认为研究生投入机制改革有助于提高教学质量。媒体对《意见》中提出加大对研究生的考核与淘汰力度，普遍持肯定态度，认为淘汰不符合培养标准的研究生才能逐步提高我国研究生教育的质量。同时，要为导师创造没有顾虑的环境，要重视研究生心理素质、抗压能力的培养，防止因实施淘汰制而出现极端事件。媒体客观报道《意见》中提出的打破导师终身制，强化导师责任，改变单独评定研究生导师资格的做法。媒体报道涉及《意见》中指出的建立以提升职业能力为导向的专业学位研究生培养模式，相关讨论基本上停留在“学硕与专硕”的区别上，针对本次教育改革的评论较少。

网民普遍认为取消研究生收费“双轨制”能在一定程度上遏制盲目“考研风”，有助于筛选出更适合科研的人才，提升研究生学历的含金量。网民也纷纷建议研究生收费政策需要辅之以切实可行的资助政策，防止农家子弟、寒门子弟上不起学的现象出现。网民针对要实行淘汰制从多个角度表达自己的疑虑，有一半的网民认为淘汰制的实施可能加大研究生面临的压力；1/4网民提出评价一个研究生素质高低不能仅看分数、论文等标准，而应该从各方面进行综合考察，完善的研究生淘汰机制应该建立全面的评价标准和体系；要为研究生建立权利保障体系，使其免受导师、学校等外部压力的影响。网民普遍支持打破导师终身制，认为事实上的导师终身制使部分导师没有危机感，不重视教学质量，进而影响研究生培养质量。网民评论中对专业学位研究生的认同度仍不高，有刚入学的研究生学子表示“专硕”不是学校的重点培养领域，是高校为了应付国家政策才招生的。

（三）教育部、人社部推进专业学位研究生培养模式改革

2013 年 11 月 4 日，教育部、人力资源和社会保障部联合发布《关于深入推进专业学位研究生培养模式改革的意见》，提出发展专业学位研究生教育，深入推进培养模式改革，以职业需求为导向，积极推进专业学位与学术学位硕士研究生分类考试、分类招生，建立以提升职业能力为导向的专业学位研究生培养模式。推进学术学位硕士与专业学位硕士“分类考试、分类招生、分类培养”、“强化学位论文的应用导向”、“推进与职业资格的有效衔接”、“探索导师组制”等成为媒体关注焦点。《人民日报》等媒体进行报道，人民网、新华网、光明网、腾讯网、搜狐网等对相关新闻进行转载。

《新京报》刊载的《教育部推进专业硕士培养模式改革》指出，此次出台的意见比较成熟，是 2009 年硕士生培养方案大调整之后的一次跟进和深化。专业学位硕士和学术学位硕士应运用不同模式来加深他们的专业知识，学术学位硕士更注重学术研究，专业学位硕士更注重实践能力，因此如何设立分类考试和分类培养尤为重要。

网民观点主要集中在三个方面：一是校内校外对接，达到了专业学位硕士的设置初衷；二是目前高校基本都是以学术为导向的，很难给专业学位硕士提供专业的师资队伍，这方面还需做出改变；三是认可专业学位硕士不一定要以科研、发表论文为主，而要多进行实践活动，多和业界联系。

媒体和网民的典型言论有：

——此次出台的意见比较成熟，是 2009 年硕士生培养方案大调整之后的一次跟进和深化。专业学位硕士和学术学位硕士应运用不同模式来加深他们的专业知识，学术学位硕士更注重学术研究，专业学位硕士更注重实践能力，因此如何设立分类考试和分类培养尤为重要。

——短短 3 年，专业学位硕士的报考人数增加了近 11 倍，数量迅速上涨带来的问题很明显，最大的问题是专业学位硕士“学术化”，即专业学位硕士和学术学位硕士的培养没有明显地区分开来。专业学位硕士“学术化”突出地表现在课程设置学术化，导师缺乏指导专业硕士的实践经验，培养单位与实践单位的联系薄弱三方面。

（四）研究生教育综合改革与提高质量

内涵发展和提高质量是我国研究生教育当前发展的根本方向。应当说，我国自学位制度建立之初就非常重视学位与研究生教育质量，并采取了很多行之有效的质量保障措施。正因如此，我国学位与研究生教育很快就赢得了较好的国际声誉。从我国学位与研究生教育发展历程来看，有着两个永恒的主题，一是质量，二是改革。在不同的发展阶段，有着不同的质量要求和质量问题，相应地采取了不同的改革与发展策略。随着学位与研究生教育改革与发展的深入，研究生教育改革进入深水区，仅仅依靠单一的、零散的改革不能解决学位与研究生教育的深层次问题，需要进行系统的、综合性的改革。自 2012 年以来，国务院学位委员会办公室就着力推动研究生教育综合改革，前期进行了大量的调研，广泛听取了各界的意见，2013 年出台了一系列学位与研究生教育综合改革政策。这些改革政策的一个共同目标就是提高研究生教育质量。这些改革政策将改革与质量有机统一起来，将有力地推动我国学位与研究生教育科学发展。

综合改革政策出台以后，研究生培养单位采取了相应的改革举措，取得了良好的反响。

但也要看到目前存在的一些问题，就是培养单位通常是关注研究生教育改革的某个方面，而较少从综合改革的高度来深刻领会这一轮学位与研究生教育改革的真正内涵和要求。比如，教育部、国家发展委员会、财政部出台了《教育部、国家发展改革委、财政部关于深化研究生教育改革的意见》，这是一个综合性改革纲领，但从目前的实际情况来看，很少有培养单位根据这一综合性改革纲领，结合培养单位实际制定相应的综合性改革思路和行动方案；或者是制定了文件，但付诸实施的少，更多的是一个文本，而没有成为真正的行动纲领。这并不是说一定要按照国家模式的复制一个综合性改革纲领，而是说当前的实际情况从一个侧面反映研究生培养单位对综合性改革普遍缺乏系统的、深入的思考。而已如前面所述，目前学位与研究生教育改革已经进入深水区，亟需的综合性、系统性改革，缺乏综合性、系统性、前瞻性的改革思路和行动方案的支撑，所谓改革就可能只是小打小闹，难以真正解决学位与研究生教育发展中的深层次问题。

三、研究生招生“申请—审核”机制与中期考核淘汰机制

研究生教育质量保证要求严把三关，一是入口关；二是过程关；三是出口关。入口关的质量保证是整个质量保证的基础，过程关的质量保证是实现整个质量保证的手段，出口关的质量保证是整个质量保证的保障。

（一）部分高校试行博士研究生招生“申请—审核”制

2013 年 3 月，教育部、国家发展改革委、财政部联合印发《关于深化研究生教育改革的意见》，提出完善招生选拔办法，建立博士研究生选拔“申请—审核”机制，发挥专家组审核作用，强化对科研创新能力和专业学术潜质的考察。这得到了各个的高校积极响应。随着 2014 年博士研究生招生工作的陆续启动，南开大学、厦门大学、中南财经政法大学等高校开始试行“申请—审核”机制。

媒体观点主要集中在以下三个方面：一是博士招生试行“申请—审核”机制，更注重对学生能力素质的考核，凸显了我国从教育大国向教育强国的转变；二是招生选拔制度改革强化了导师的自主权，淡化了应试教育的色彩，为更多科研能力强的学生增加了上升通道。《中国社会科学报》文章《放权与问责相统一——整体考虑博士生“申请—审核”制》，认为申请审核制利于测试考生在自己研究领域的特长，同时我国博士生招生和培养制度是一个复杂的系统，需要全面的顶层设计和规划，防止产生南辕北辙的负面效应；三是建议在放权的同时，建立健全问责机制，防止情感牌、权钱牌等不良风气影响招生考试改革的初衷。

网民观点更为具体：招生考试改革有利于全面考核学生的研究能力，提高博士研究生群体的整体科研水平；取消笔试环节或将更便于人情关系在自主招生环节的渗透，为腐败行为提供了更多的操作空间；在扩大博士生导师招生自主权的同时，更应注重对博士生学术水平的培养，宽进严出，等等。

媒体和网民的典型言论有：

——博士生招生实行“申请—审核”制，符合博士生教育的规律。导师对博士生培养承担着多方面的关键职责，一定要调动和依靠导师的积极性。新的招生办法，让导师更多地参与到学生选拔过程中来，更好地发挥导师的作用。

——通过这种面对面的考核，能够了解学生基础知识是否符合高层次人才培

养的要求，了解学生对未来科研工作的设想是否能够与目前导师从事的前沿领域紧密契合，从而有效发挥学生的最大潜力，满足目前国际和国内前沿学科发展的需要。

——很好的发展趋势，但是申请制的博士更应该宽进严出才能在国内的学术环境下良好的发展下去。希望制度不要受中国特有的关系网的影响而变质。

（二）研究生考核与淘汰机制

教育部、国家发展改革委、财政部联合印发的《教育部、国家发展改革委、财政部关于深化研究生教育改革的意见》提出加大对研究生的考核与淘汰力度，要求“加强培养过程管理和学业考核，实行严格的中期考核和论文审核制度，畅通分流渠道，加大淘汰力度”。研究生淘汰制度受到媒体和网民关注。舆论在对此表示欢迎的同时也指出，必须加大对研究生心理素质、抗压能力的培养，防止因实施淘汰制而出现极端事件。

媒体观点主要有以下几种：一是实行淘汰机制需要为导师创造没有顾虑的环境；二是当下研究生教育注重招生规模，但对培养质量的关注不足，今后应该淘汰不符合培养标准的研究生，才能逐步提高我国研究生教育的质量；三是淘汰制有利于改变学术生态的逐利化和交易化倾向；四是推行淘汰制表明政府改革研究生教育的决心；五是实行研究生淘汰制，需要培养单位更新培养理念和培养制度。

网民观点主要分为四种：一是淘汰制的实施可能加大研究生面临的压力，引发各种心理问题。因此，在实行淘汰制的同时，需加大研究生心理健康教育。二是提出，评价一个研究生素质高低不能仅看分数、论文等标准，而应该从各方面进行综合考察。完善的研究生淘汰机制应该建立全面的评价标准和体系。三是低淘汰率是学术腐败和学位泛滥的重要原因，推行淘汰制有利于改善现在的学术风气，使总体教育质量得到提高。四是赞成在推行淘汰制的同时，为研究生建立权利保障体系，使其免受导师、学校等外部压力的影响。

媒体和网民的典型言论有：

——批量生产硕士研究生、博士研究生的结果是大大降低了研究生学历的含金量，应该实行淘汰机制提高研究生的质量。甚至更应该限制那些花钱就能获得学位的在职研究生的招生，增加毕业难度，让那些靠花钱读在职研究生的人不能轻易毕业。

——真正意义上负责的导师，其实更应体现在培养过程的兢兢业业，在论文答辩上秉持“严师”之风。而现实的情形却是，在研究生的培养阶段，导师的作用恰恰在弱化，尤其是当下导师日益“老板化”，忙于拉项目、跑关系，无暇顾及研究生的培养，假如到了论文答辩环节，导师再不施以援手的话，研究生的淘汰率恐怕会相当惊人。可见，研究生的低淘汰率，某种程度上恰恰是对研究生培养低质化的掩饰。当导师的作用并不体现于日常培养，而只是出现于论文答辩环节时，又何尝不是一种角色的倒错呢？

（三）招生与考核机制改革要服务于提高教育质量

党的十八届三中全会出台的《中共中央关于全面深化改革若干重大问题的决定》指出，推进考试招生制度改革，探索招生和考试相对分离、学生考试多次选择、学校依法自主招生、专业机构组织实施、政府宏观管理、社会参与监督的运行机制；创新高校人才培养机制，促进高校办出特色争创一流。在现有的博士生招生制度下，学校也难以全面、综合地评价学生知识、创新能力和综合素质。在此情况下，各高校纷纷开始试行博士研究生招生“申请—审核”制度。“申请—审核”制是以考生个人提交申请材料取代统一入学考试模式，审查考生的学术研究能力，决定是否录用。“申请—审核”制的导向是力求基于对考生提交的申请材料，综合考核申请人的培养潜力与学术创新能力，以强化导师与科研团队的自主权。此次改革反映出我国博士生招生正在探索一条由以考试为基础的选拔机制，向以素质能力为基础的申请和审核相结合的选拔机制过渡的道路[①]。过去以笔试为主的大一统选拔方式的弊端是显而易见的，过分统一的入学资格考试，放松了对考生的科研潜力和可承担科研工作的能力的考查，而把反映考生对基础知识、系统专门知识掌握程度的考试成绩作为录取的主要标准。潘懋元指出，“笔试成绩好的博士生中研究兴趣不大、创新意识缺乏、学术潜质不足的大有人在。”“失英才而不得教育之”是为人师者最痛心的事。这番话道出了博士生导师在刚性的“规范”制度面前的无奈以及改革重分数、轻评价的人才遴选制

---

① 吴楠，张清俐．放权与问责相统一——整体考虑博士生“申请—审核”制［N］．中国社会科学报，2013-12-18. http：//www.cssn.cn/dybg/dybg_jy/20131218_912107.shtml.

度的迫切[①]。规范、一致是我国学位与研究生教育质量保证的一个传统措施，但随着研究生教育规模的扩大和研究生需求差异的扩大，过去行之有效的规范、一致这种质量保证方式反而成为研究生教育质量保证的制约。推行“申请—审核”制就是要在规范、一致与导师自主选拔权、学生个性发展潜力评价之间达成一个适当的平衡，不能为了追求一种形式化的规范和公平而影响优秀人才的选拔。但是，如何在推行改革过程中真正实现学校、院系、博士生导师与学生的协调统一，探索出一套符合各方利益诉求的有效机制，最终实现改革的目标，并不是一项轻松的任务。而且“申请—审核”制是否可以真正解决创新人才的选拔难题尚不得而知。不过，无论采取何种选拔方式，都须体现公平公正原则。“申请—审核”制较大程度上回避了以分数论英雄的做法，回避了大一统的藩篱，但与此同时也对公开公正公平提出了更加严格的要求。因此，实施“申请—审核”制必须有整体设计，在放权给导师的同时，配套相应的问责制，使招生改革与质量监督、评价体系和淘汰机制等方面改革配套实施，以杜绝实施“申请—审核”制可能带来的权力寻租和学术腐败现象，使一个好的制度取得了好的效果[②]。因此，博士招生选拔方式的改革对导师、培养单位等参与招生选拔的人员的立场和鉴别能力提出了更大的挑战，其制度建设应当破立并重[③]，既要打破现有制度对优秀专门人才选拔的制约，推行“申请—审核”制，又要系统设计相应的配套制度与政策，确保“申请—审核”制取得预期效果。要抓住两个方面，一是规则，二是程序；要坚持两个要求，一是公开，二是透明。“申请—审核”制度并不是指导教师的福利，也不是政策的空间，而是权力的明晰和责任的强化。

中期考核淘汰制是国外研究生培养制度的一个重要构成，普遍推行中期筛选考核，其中美国博士生实行更为严格的淘汰制，其淘汰率在30%左右[④]。从研究生培养环节来看，我国研究生培养中也是有中期考核的，但这种考核更多的只是一次学生学业能力和综合表现的一次主观评价，培养单位、导师、学生都未给予

① 赵婀娜．多所高校探索博士生招生“申请—考核”制［N］．人民日报，2013-05-16.http://news.sciencenet.cn/html/news/2013/5/27796.shtm.

② 吴楠，张清俐．放权与问责相统一——整体考虑博士生“申请—审核”制［N］．中国社会科学报，2013-12-18. http://www.csssn.cn/dybg/dybg_jy/201312/t20131218_912107.shtml.

③ 谢昱航．博士准入制度建设应破立并重［N］．中国青年报，2011-08-26.http:/news.sciencenet.cn/html/news/2011/8/251539.shtml.

④ 王真．美国研究生教育淘汰制及启示［D］．河北师范大学硕士学位论文，2011.

应有的重视，成为走过场，而之所以如此，就是因为这种中期考核没有与中期淘汰联系起来，因而起不到应有的促进作用。其后果就是整个研究生培养质量的保障与监督环节后移，最后质量保证的压力都集中到学位论文和毕业环节，这显然不是一种好的制度设计。当前正在推动培养机制改革，中期考核淘汰制度应当成为新的研究生培养机制的组成部分，或者说应当成为新的研究生培养机制取得预期效果的基础和保障。缺乏严格的中期考核淘汰制度的有力支撑，就难以真正形成促进学生全面发展和保证质量的研究生培养机制。完善研究生中期考核淘汰制要来自我国研究生培养的实际，其一，中期考核的对象问题，主要是针对硕士，还是博士，抑或者博士硕士同时推行；其二，中期考核的重点问题，主要是考核研究生前期的学业情况，还是考核研究生的发展潜力尤其是学术潜力；其三，中期淘汰的救济问题，如何保证中期考核淘汰的公正公平，如何避免非学术因素影响中期考核结果，如何保证研究生的合法权利得到保障；其四，中期淘汰的善后问题，即被淘汰的研究生的出路问题，博士研究生被中期考核淘汰后如何善后，硕士研究生被中期考核淘汰后又该如何善后以及如何避免研究生中期淘汰可能造成的社会问题。

四、研究生指导教师制度与责任

（一）打破导师终身制

教育部、国家发展改革委、财政部三部委 4 月 19 日联合印发的《教育部、国家发展改革委、财政部关于深化研究生教育改革的意见》中明确提出要强化导师责任，改变单独评定研究生导师资格的做法，防止形成导师终身制。

网民观点主要集中在以下几个方面：支持该政策，认为事实上的导师终身制使部分导师没有危机感，不重视教学质量，进而影响研究生培养质量；废除导师终身制是一个长期过程，需要保证政策的执行度和持续性，防止出现反复。

媒体和网民的典型言论有：

——提高研究生培养质量，导师是关键。而打破传统的导师终身制“金饭碗”，这就意味着只有符合条件的老师才会被聘为博导、硕导，导师只是岗位不再是身份。

（二）“史上最严导师”引舆论反思师生关系

2013年7月1日，中南大学地球科学与信息物理学院陈儒军副教授在网上发布《陈儒军研究生学习科研准则》，规定其门下研究生“上午7点至晚上11点，手机必须处于开机状态，并开通来电短信提醒功能。5小时内必须回复导师的短信或电话。”、“离开校园超过20小时须向导师请假”等受到网友热烈关注，甚至有网友直呼“变态”、“令人窒息”，陈儒军也因此被称作“史上最严导师”。面对诸多指责，陈儒军以《晒晒我指导研究生的成绩》一文回应，他认为自己制定的培养模式在国外已有先例可循，是符合学科发展规律和要求的。相反，目前国内对研究生的管理太过松散，才导致公众认为这一系列规定“没人性”。陈儒军称，之所以制定这样近乎“企业化管理”的准则，是因为对如今每况愈下的学术风气感到担忧，希望通过这种方式逼着学生看文献、搞科研，并及时和学生进行沟通。7月12日《中国青年报》以《“史上最严导师”能否让师生关系回归学术》为题对此事进行报道，得到各大网站转载和讨论。

多数媒体聚焦“最严导师”背后的师生关系和我国研究生培养制度，主要观点分为三类：一是认为“史上最严导师”的称谓等于变相承认了当下众多导师对研究生管理松懈，学术风气浮躁，学术研究异化为“学术经济”，研究生沦为廉价高级劳动力的现象；二是剖析师生关系异化的原因，包括研究生培养及管理规则不完善，学生从小养成的被动学习习惯等；三是赞赏“最严导师”的做法，是对浮夸学术品质的纠正，对不负责任的研究生制度的纠正。

网民对“最严导师”多持支持态度：严师出高徒，陈儒军的做法是对学生负责，能够保证研究生培养质量；该导师的规定类似于职场要求，可以提前磨炼学生，对学生长远发展有益无害；研究生教育本就是精英教育，陈儒军的做法还原了研究生教育的本质。但也有不同声音，认为此举干涉学生私人生活，纯粹是为满足个人控制欲。

媒体和网民的典型言论有：

——学术品质优化、教育品质优化，是必要的学术底线，所以，以此衡量“史上最严导师”的做法，才是对浮夸学术品质的纠正，对不负责任的研究生制度的纠正。乱象之下，早该有这种所谓的“另类导师”，逆流而上，大胆叫板，横空出世了。

——其实，当前的研究生教育受社会诟病，问题不是仅仅出在哪一方，不是像陈儒军老师这样仅仅对自己的研究生约法十五条就能为自己的研究生培养换得一片净土的，要想研究生教育不再沦为逃避就业的“世外桃源”，要想使研究生教育不再成为拖就业后腿的鸡肋，导师和研究生教育规则制定人员、管理人员也要对自己约法若干条。

——如果不是揪学生给自己打廉价工，能遇到这样的严格硕导很幸运。绝大多数导师不会去费力不讨好。学位是白菜，本事才是金子。

——把学生当成工人来管理就能出成果了吗？真是自以为是。如果单单靠这种简单粗暴的方式就能带出好学生，那中国早就成了科技强国了。

——能在全国高校推行吗？让那些混文凭的研究生早点淘汰出局！

——导师有义务给研究生布置学习任务，安排固定的学术汇报，但对于 16 小时开机、5 小时回复和超 20 小时离校要请假等规定，其实是对学生的不信任，而且干涉学生私人生活。严师可以出高徒，但硕士教育更要因材施教，不要指望师门严规能带好所有学生、解决所有问题。

（三）北京大学研究生发退学声明抵制“苦力科研”

2013 年 2 月 23 日，《新京报》报道，北京大学信息科学技术学院杨恒明发布一封“退学声明”，称北京大学微处理开发中心副教授佟冬以人未到实验室参加“科研”为名，不允许其毕业，并在必修科目“科研实践”上记不及格。杨表示，实验室的工作“就是把工程文件修改修改格式从一个软件流到另一个软件”，“如果这样毫无意义的苦力劳动也好意思号称‘科研’，本人的确没有参加也不可能参加”。这封抵制“苦力科研”的声明一经发表即引起全社会的关注和讨论。除杨恒明头上的北大光环外，舆论更多关注“苦力科研”这个话题本身。

针对该事件，媒体和网民观点主要分为两种：一是认为所谓的“苦力科研”其实是科学研究必不可少的一环，大量的基础性工作是学生做好科研的必修课，该学生自身好高骛远，不愿付出努力；二是认为导师工作不尽责，以学位威胁学生，获得免费劳动力，而且这不是单一事件，是长期存在的普遍问题，严重影响研究生教育的质量和学分。对此，一方面应该严控研究生规模，另一方面应建立针对导师的考核机制，对不合格的导师，要坚决淘汰。

媒体和网民的典型言论有：

——苦力科研的现象为什么会出现，这可能还要从目前的教育体制来分析：在目前的导师责任制下，学生的考核、毕业等事关重大的利益关系都掌握在导师的手里，如果导师不想让学生顺利毕业，很可能就可以以选题方向错误等简单的原因让学生延迟毕业，而延迟毕业就意味着找工作也就得拖后，所以在这样的一种严格的“上下级”关系面前，面对“大老板”派的活，很少有学生敢大胆站出来说不。

——以为自己是哪根葱呢，实验室很多活都是繁琐枯燥的事儿，要做很多苦力，是磨炼，是态度，这种事情太正常不过了，炒这么火对他自己是毁灭性的，对北大不会有啥影响——这种大爷啊太矫情，去哪个企业哪个学校，都伺候不起的。

——工人还有劳动法保障，不爽可以跳槽不干换东家，博士硕士才是最坑爹的，不仅是 Boss 的免费劳动力，退学还一无所有。

（四）严格要求与自由发展要相辅相成

打破研究生导师终身制不是一个新的提法，研究生培养在这方面也进行了大量的探索，应当说从制度设计来看，这个问题已经不成其为一个问题。教育部、国家发展改革委、财政部三部委联合印发的《教育部、国家发展改革委、财政部关于深化研究生教育改革的意见》明确提出改革评定制度，要求改变单独评定研究生导师资格的做法，强化与招生培养紧密衔接的岗位意识，防止形成导师终身制。问题的核心是完善研究生与导师互选机制，尊重导师和学生选择权，健全导师责权机制；研究生培养单位如何根据指导教师的学术水平和指导能力来合理调配研究生名额，实现研究生资源的最大化；如何避免“有名无实”现象，确保研究生资源配置的公正公平。

研究生教育质量既取决于研究生本人的基础和发展潜力以及努力程度，又取决于培养单位教育条件、指导教师的学术水平、指导能力与精力投入，还取决于研究生与导师之间的关系。导师与学生之间应当保持一种什么样的师生关系才能最大限度地激发研究生的积极性和创造性？子不教父之过，教不严师之惰，严师出高徒，对研究生严格要求是保证研究生教育质量的应有之义。但是，这种严格要求本身有其特殊性，与其他层次的教育相比，研究生培养过程中的严格要求更加依赖于研究生的自主、自立，更加倡导研究生的自由发展。因此，这种严格要求可能更多地体现在学术活动上，而不是日常管理上；更多地体现在学业发展结果上，而不是体现在具体细节要求上。也就是说，严格要求要与宽松的氛围相辅相成，要张弛有度。放任自流是导师的失职，是研究生教育质量保证的最大隐患；过于苛刻也是研究生自由发展的隐患。

研究生参与导师的科研活动是国际研究生培养的通行做法，也是提高研究生培养质量的有效手段。当前正在推动建立以科学研究和工程实践为导向的研究生导师负责制，导师应以其科学研究工作为依托，为所招收培养的研究生提供资助。研究生顾名思义要开展科学研究，其中一个主要的途径就是参与导师负责的课题研究和技术研发，这里面就存在一个价值取向的问题。研究生参与导师负责的课题研究和技术研发，是以完成课题研究和技术研发为目的，还是以发展学生的研究能力和综合素质为目的。或者更深入地思考，研究生参与科研活动的整体过程设计是立足于研究生发展还是立足于科研项目完成。虽然这两者是很难截然分开的，但仍然是两种有着本质区别的取向和做法。当研究生参与科研活动是立足于研究生发展，是为了研究生发展，其评价标准就是所参与的科研活动是否有助于研究生的发展，包括科研态度的形成、科研习惯的形成、科研合作的能力等是否受到了合理充分的训练。在这个视野下，考察研究生参与科研活动的意义的标准不再是其对于课题研究和技术研发的作用，而是对于研究生发展的促进作用。因此，“苦力科研”要不要做不是看它苦不苦，而是看它对于研究生发展是否有明显的促进作用。这种促进作用既包括对于研究生综合素质提升的促进作用，也包括对于研究生特定能力、特定素质提升的促进作用。有些科研活动看起来可能是枯燥、简单的，但相对集中一段时间承担这类科研活动可能对于形成严谨的科学态度、科学的研究方法有着特殊的定向培养作用。

五、部分高校发布《研究生教育质量年度报告》

（一）上海多所高校公开发布本校学位与研究生教育质量年度报告

2013 年下半年，上海大学、同济大学、华东师范大学等上海地区高校先后发布了本校学位与研究生教育质量年度报告。2014 年 6 月，上海市学位委员会办公室正式印发了《关于建立上海学位与研究生教育质量年度报告发布制度的通知》，要求本市研究生培养单位公开发布学位与研究生教育质量年度报告。

2013 年 10 月，上海大学首次向社会公开发布《2012—2013 年度上海大学学位与研究生教育质量报告》。整个报告包括研究生教育概况、基本信息（学位点建设、在校研究生情况、师资队伍建设、办学资源、经费投入、国际交流）、研究生生源质量（研究生生源情况、本校生源的录取情况、生源地分布情况、留学生招生情况）、培养过程质量（培养方案与课程体系、课堂教学与课程建设、科研训练与实习实践、论文发表与科研成果、国际交流与合作）、党建与思政工作（学术道德与诚信教育、党建特色工作、暑期社会实践、思政“两课”改革、特色案例）、培养结果质量（毕业论文、学位授予、就业情况）、教育质量保障（研究生教育质量保障体系建设情况、研究生教育的基本状态分析、学科评估结果分析、出台的相关政策和配套措施）、面临的挑战和对策（本年度面临的主要挑战、主要的对策和改进措施）等 8 个部分[①]，对学位与研究生教育工作与质量进行了较为系统全面的总结。

2013 年 10 月，同济大学发布了《专业精英　社会栋梁——同济大学 2012 年研究生教育质量报告》。报告的《前言》指出，质量报告的发布，既立足于主动履行培养国家高层次创新型人才的使命，承担高校教育教学质量信息公开的社会责任，也希望学校人才培养质量提升能获取源自于社会的巨大动力。同济大学在制定研究生教育质量报告中，坚持学校自身在研究生人才培养中的主体地位和核心责任人角色，公开说明符合同济大学办学定位与特色的研究生人才培养目标，通过研究生教育基本状态数据和质量保证体系运行状况两个方面说明如何保证研究生人才培养目标的实现；凝练学校的办学文化传统和学科优势，向社会展示同济大学研究生教育人才培养特色，比如特别强调国际交流与合作。报告的核心内容与数据中，突出学科对研究生教育的支撑作用，从研究生和导师两条主线公布研究生教育基本情况；通过研究生毕业生问卷调查、全日制专业学位硕士研究生培养情况调查等，形成人才培养质量提升的闭环；通过研究生人才培养基本活动质量监督来保证培养质量，通过人才培养质量跟踪来形成持续改进机制[②]。

① 上海大学 .2012—2013 年度上海大学学位与研究生教育质量报告［EB/OL］. http://yjsb.shu.edu.cn/NewsManage/UploadFile/201309/2013101616838536.pdf.

② 同济大学 . 专业精英　社会栋梁——同济大学 2012 年研究生教育质量报告［EB/OL］. http://news.tongji.edu.cn/htenes/l/userfiles/download/2013/12/23/lntblylwnsnh721.pdf.

2013年12月，华东师范大学正式编印发布了《华东师范大学学位与研究生教育质量报告（2012—2013学年）》。报告由总报告和年度基本数据两大部分构成。总报告以《研究生教育改革发展任重道远——我校2012—2013学年研究生教育进展、问题及改进策略》为题，详细回顾了学校研究生教育发展年度目标、取得的进展、面临的问题，以及当前及今后改革举措。基本数据部分则是客观陈述本年度招生、在学、毕业、学位、就业、导师、培养、国际合作、奖助、研究生教育经费、学位授权点、学位评定委员会等方面的情况。报告内容涵盖了学位与研究生教育领域中的招生、培养、资助及学位授予各个环节，全方位、多维度地展示学校研究生教育的成绩与进展，客观剖析存在的问题①。

2014年6月，上海市学位委员会办公室印发了《关于建立上海学位与研究生教育质量年度报告发布制度的通知》（简称《通知》），正式建立上海学位与研究生教育质量年度报告（以下简称质量报告）发布制度。《通知》强调了建立质量报告发布制度的意义，指出我国研究生教育正在转向以质量提升为核心的内涵发展，人才培养质量已经成为研究生教育的生命线，高等学校要自觉树立教育质量观念，加强质量常态监控，全面提高研究生教育质量。编制与发布质量报告是研究生培养单位树立社会责任意识、回应社会对高等教育发展的现实关切、践行信息公开社会义务的重要体现；也有利于研究生培养单位主动开展研究生教育工作的自我检查与评估，不断提高研究生教育质量。《通知》要求质量报告应充分体现全面性、客观性、准确性、科学性，用客观数据和具体事例反映学校研究生教育的质量与状况，并据此作出科学的分析与评价。《上海学位与研究生教育质量年度报告》主体内容要求包括学位与研究生教育概况、学位授权学科专业情况（博士、硕士学位点分布及结构、重点建设学科情况、学科评估水平、学士学位授权专业分布及结构）、研究生招生及规模情况（研究生招生及生源情况、研究生规模及结构）、研究生培养过程（研究生教育教学资源与条件、研究生教育经费投入情况、研究生课程建设情况、研究生教育创新计划实施及成效、导师队伍规模及结构情况、研究生党建、思想政治教育工作基本情况、研究生培养特色及改革案例）、学位授予及研究生就业情况（学位授予情况、研究生毕业及就业

① 华东师范大学．华东师范大学学位与研究生教育质量报告（2012—2013学年）[EB/OL]. http://news.ecnu.edu.cn/s/192/t/342/69/46/info92486.htm.

状况）、研究生质量保障体系建设及成效（研究生教育质量保障制度建设及成效、研究生教育管理与服务举措、学位论文盲审及抽检情况、研究生资助体系建设情况、学位与研究生教育信息化建设情况、研究生论文发表及科研获奖情况、研究生对培养过程的满意度情况、学位论文获奖情况）、研究生教育国际化情况（国际交流与合作情况、留学生情况）、研究生教育进一步改革与发展的思路等方面。质量报告按学年度编制与发布，各研究生培养单位自行在各单位网站首页或信息公开专栏对社会公布，上海市学位委员会办公室将以适当形式集中对社会公布。《通知》要求各单位建立健全研究生教育质量年度报告的发布机制，以质量报告的发布为契机，逐步建立与完善质量管理常态化工作机制，逐步提升研究生教育管理规范化、科学化水平，不断提高研究生培养质量[①]。

（二）学位与研究生教育质量年度报告要有“质量”

研究生培养单位发布本单位学位与研究生教育质量报告是对提高质量和内涵发展的积极回应。社会各界对研究生教育质量给予了高度关注，发布学位与研究生教育质量年度报告对于培养单位而言，既是增强质量意识和提高质量的有效途径，又是回应社会问责和信息公开的有效措施。培养单位通过定期发布质量年度报告对本单位学位与研究生教育质量进行较为全面的、系统的自我评估与审视，发现研究生教育中存在的突出问题，提出解决的方案和措施，进而不断改进教育质量；营造一种质量是生命线的文化氛围，增强培养单位、授权学科、研究生导师和研究生的质量意识和质量责任；主动公布本单位研究生教育的相关信息和质量信息，满足社会各界对研究生教育质量信息诉求的需要，主动接收社会监督，赢取社会各界的广泛参与和大力支持。

研究生培养单位学位与研究生教育质量年度报告的“质量”要进一步提升，其“质量”的提升依赖着政府和社会组织提供的大量相关数据和信息。上海大学公开发布的《2012—2013 年度上海大学学位与研究生教育质量报告》中的相关数据部分来自上海大学自己完成的《上海大学院系教育质量状况年度白皮书》（2008—2009 年、2009—2010 年、2010—2011 年、2011—2012 年），部分来自麦

① 上海市学位委员会办公室 . 关于建立上海学位与研究教育年度报告发布制度的通知［EB/OL］. http://www.shmec.gov.cn/html/xxgl/201406/418062014012.php.

可思公司完成的《上海大学社会需求与培养质量年度报告》(2009年、2010年、2011年、2012年)和《上海大学用人单位需求测量与评价报告》(2011年)。研究生培养单位要编写和发布本单位学位与研究生教育质量报告，首当其冲的一个问题就是所发布的信息的可信性和可比性。质量报告所涉及的数据和信息一方面要可靠，具有可信性；另一方面要可比，能够进行横向比较。从目前的实际情况来看，仅靠研究生培养单位自身是难以收集和积累大量系统的、具有可比性的数据的。研究生培养单位发布的质量报告的“质量”在很大程度上依赖着政府和社会组织提供的大量相关数据和信息。

学位与研究生教育质量报告的“含金量”不是报告本身而是报告所反映的研究生教育质量持续改进面临的问题和取得的进展。质量保障的关键不光是定期发布质量报告，更为根本的是，要按照质量报告所要反映的主要内容，建立起学校内部研究生培养过程与培养质量的监督机制与改进机制，学校要定期对整个研究生教育质量保障体系进行反思与完善，要有计划有针对性地重点围绕研究生质量保障的某个或者某几个重要环节进行自我评估与持续改进。学位与研究生教育质量评估和改进过程中要吸纳社会用人单位、产业界的专业人士参与其中，改进周期完成后要对改进效果进行评估。因此，从这个意义上讲，质量报告并不是要静态地展现学位与研究生教育发展水平与质量好坏，而是要反映研究生培养单位需要加以改进的问题和持续改进取得的进展。

第三章 省域研究生教育质量评价

《国家中长期教育改革和发展规划纲要（2010—2020 年）》明确指出，加强省级政府教育统筹，完善以省级政府为主的管理高等教育体制。《中央关于全面深化改革若干重大问题的决定》再次强调要扩大省级政府教育统筹权。研究生教育作为高等教育的重要组成部分，省级政府在研究生教育管理中的主体地位越来越得到强化，已成为研究生教育外部重要的外部质量保障主体。积极开展省域研究生教育质量评价，对于全面客观准确地认识省级之间的研究生教育质量，有效推动研究生教育管理体制改革，发挥省级政府在研究生教育中的重要作用，提高政府决策的科学性和管理的有效性等方面具有重要意义。而教育信息化建设的不断推进，也为开展省域研究生教育评价提供了研究的支撑。本报告从可获取的准确信息出发，对省域研究生教育质量进行了单项评价。需要说明的是，本评价并不是对省域研究生教育质量的全面反映，而是从几个层面部分地反映了不同省、市、自治区的研究生教育质量。

一、省域研究生教育质量评价方案

评价指标体系的构建

积极开展省域研究生教育质量评价，通过构建一套科学合理的研究生教育发展状况评价指标体系，以反映省域之间研究生教育发展的真实状况，不仅可以为省级政府制定研究生教育发展政策提供参考依据，同时也有利于国家对研究生教育的统筹规划，促进我国研究生教育的良性健康发展。省域研究生教育评估指标体系，既要保持研究生教育评估指标体系的精髓，又必须把握省域研究生教育的特点，从战略高度、以长远的眼光和全局的观念把握研究生教育发展与改革的方向，以提高质量为着力点，以提高省级政府发挥研究生教育积极性、主动性、科学性为目标，重点放在质量规范认同意识和质量保障体系的构建上。

根据相关研究[1]，省域研究生教育评估指标体系包括四个模块，即制度、规划、投入和绩效，每个模块下都有丰富的评价内容[2]。该指标体系是针对省域研究生教育的特征，从学理上进行的构建，有效地实现了定量评估和定性评估的有机融合。不过，在应用此指标体系对不同省域研究生教育质量进行实证研究时，首先要考虑的就是数据的易获取和数据权威与可靠问题。所以在实测时，必须达到每一个指标都是可以实际测量或观察且指标要求提供的信息是易于获得的。基于此，本研究选取生师比、每万人中在校研究生数、生均科研经费、学科点培养能力四个指标对全国31个省市自治区进行排名分析。省域研究生教育质量评价指标体系见表3–1。

选取生师比、每万人中在校研究生数、生均科研经费、学科点培养能力四个指标

表3–1 省域研究生教育质量评价指标体系

模块	主要评价内容
制度	制度文本是否完备
	质量保障体系建设是否完善
	评价机制是否健全
	信息公开制度是否成熟
规划	各级各类教育资源配置是否合理
	研究生教育与经济社会发展是否协调
	不同层次不同类型的研究生教育结构是否合理
	重点建设项目的力度
投入	省级政府投入总经费与省GDP的比例
	省级政府投入总经费与国家投入总经费的比例
	省级政府投入总经费年均增长率与GDP年均增长率之比
	生均经费年均增长率

① 翟亚军，王战军，李明磊．基于省级的学位与研究生教育评估框架［J］．学位与研究生教育，2011（11）：9—13．

② 王战军．学位与研究生教育评价理论与方法［M］．北京：高等教育出版社，2012：32．

续表

模块	主要评价内容
绩效	国家级优秀博士学位论文数与授予博士学位数的比例
	一级学科评价前5名总数与一级学科总数的比例
	生师比
	学位授权点平均培养研究生数
	在校研究生数占全省人口总数比例

二、省域研究生教育质量若干表征指标排名

考虑到数据的获取和可靠性问题，本研究选取生师比、每万人中在校研究生数、生均科研经费、学科点培养能力四个指标对全国 31 个省、自治区、直辖市进行排名分析。由于无法分别获得省属高校和部委属高校的相关数据，所以一个省域的所有数据均指本省域内的省属大学和部委属大学的数据之和，由于不同省份部委属高校数量相差巨大，造成一些数据被稀释的程度可能不同，由此就导致有些排名结果可能与真实状况存在误差，尤其是不能获得不同省域省属高校的比较结果。不过，对某一省域内而言，本结论至少可以提供一个比较的参考。

（一）生师比

生师比指在校研究生数与导师数之比。数据年度为 2012 年，数据来源为《中国学位与研究生教育发展年度报告（2013）》。

依照从小到大的顺序，天津、青海、辽宁、河南、新疆、海南、西藏等省位居前列，生师比均在 3 和 4 之间。其中，天津市最小，为 3.18。而湖北、湖南、重庆、陕西、吉林、上海、四川生师比均大于 6，位列后 7 位。其中四川省最大，为 7.18。表 3–2 是 2012 年 31 个省、自治区、直辖市生师比、导师数以及在校生数位次。

四川省最大，为 7.18

天津市最小，为 3.18

表3-2 2012年 31个省、自治区、直辖市生师比、导师数以及在校生数位次

省份	导师数	在校生数	生师比	位次		
				生师比	导师数	在校生数
天津	7 102	22 575	3.18	1	16	24
青海	790	2 579	3.26	2	30	30
辽宁	27 156	90 061	3.32	3	2	6
河南	8 893	31 965	3.59	4	13	17
新疆	4 299	15 456	3.60	5	25	26
海南	946	3 538	3.74	6	28	28
西藏	285	1 079	3.79	7	31	31
宁夏	837	3 356	4.01	8	29	29
贵州	3 133	13 344	4.26	9	27	27
广西	5 454	23 545	4.32	10	22	23
江西	5 780	25 209	4.36	11	20	22
山东	16 070	70 455	4.38	12	7	9
福建	6 966	30 933	4.44	13	18	18
广东	16 279	81 458	5.00	14	6	8
河北	7 095	35 914	5.06	15	17	16
云南	5 712	29 242	5.12	16	21	19
内蒙古	3 157	16 227	5.14	17	26	25
北京	45 414	236 926	5.22	18	1	1
山西	4 631	26 098	5.64	19	24	21
浙江	9 583	54 369	5.67	20	11	13
江苏	24 000	139 529	5.81	21	3	2
甘肃	4 788	28 306	5.91	22	23	20
安徽	7 463	44 351	5.94	23	15	15
黑龙江	10 210	60 819	5.96	24	10	11
湖北	17 516	110 856	6.33	25	5	4
湖南	9 579	62 707	6.55	26	12	10
重庆	6 873	46 569	6.78	27	19	14
陕西	13 517	94 294	6.98	28	8	5
吉林	7 895	55 921	7.08	29	14	12
上海	17 879	127 014	7.10	30	4	3
四川	11 923	85 626	7.18	31	9	7

31 个省份的生师比数据比较接近，并没有太明显的差距。生师比最大的四川省与最小的天津市之间比值相差 2.26 倍。从图 3–1 也可以看出，生师比曲线变动比较平稳，波动较小。

没有太明显的**差距**

相差 **2.26 倍**

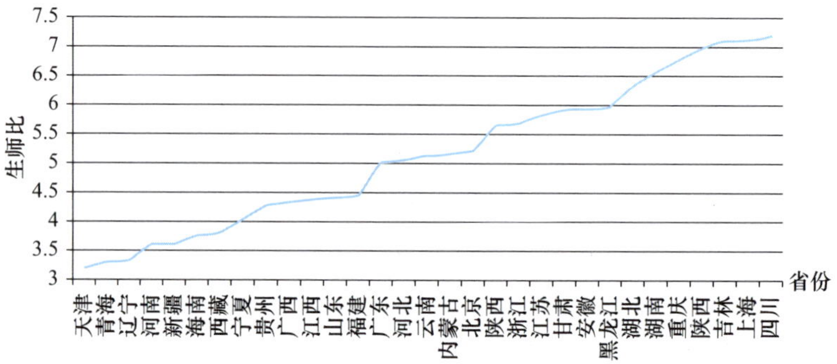

图3–1　2012年31个省、自治区、直辖市生师比

生师比与研究生规模并没有较强的正相关或负相关关系。就生师比和在校生规模来看，研究生教育规模大省并没有在生师比指标上表现出任何优势，生师比较小的省份集中于研究生教育规模较小的省份（图 3–2）。以生师比位次为 16 的云南省为分界点，前 15 个省份除山东省生师比位次高于在校生规模位次外，其余省份生师比位次低于在校生规模位次。而在后 15 个省份中，除去山西和内蒙古，其余 13 个省份生师比位次均高于在校生规模位次。

生师比与研究生规模并**没有较强**的正相关或负相关关系

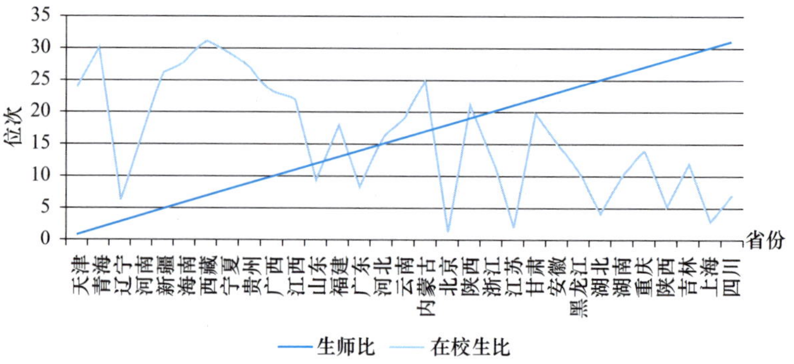

图3–2　31个省、自治区、直辖市生师比与导师数位次对比

表 3–2 显示，在生师比排名前 10 名的省份中，辽宁省是典型的研究生教育规模大省，在校生规模在全国 31 个省份中排名第 6；除此之外，研究生规模比较大的省份还有河南，在全国地位居于中等。其余 8 个省份研究生规模均比较小，导师规模和学生规模都居于后 10 名。生师比排名后 10 名的省份在导师规模和在校生规模上没有明显的倾向，典型的研究生教育大省（市）如北京和江苏皆不在此类，而典型的研究生教育小省如西藏等也不在此类。从表 3–2 可以看出，在位次最靠后的 10 个省份中，除却甘肃省导师数和在校生数都比较小外，湖北、陕西、上海、四川则都是研究生教育大省（市），而安徽、黑龙江、湖南和吉林等省都居于中等偏上层次。

（二）每万人在校生数

每万人在校生数指在校研究生数与本省总人口数的比例。在校生数和人口数均是 2012 年数据，人口数的数据来源为《中国统计年鉴 2013》。

依照每万人在校生数从多到少的顺序，北京、上海、陕西、辽宁、吉林、湖北、江苏、天津、黑龙江、重庆等省位居前列。其中，北京市最多，约为 114 人，比第二名上海市高出一倍还多。而云南、江西、宁夏、广西、河北、青海、海南、贵州、西藏、河南等位于后 10 位。其中，河南省最少，仅有 3.4 人（表 3–3）。

北京市最多，约为 114 人

表3–3　2012年 31个省、自治区、直辖市每万人在校生数、人口数以及在校生数位次表

省份	在校生数	人口数（万人）	每万人在校生数	位次		
				每万人在校生数	人口数	在校生数
北京	236 926	2 069.30	114.50	1	26	1
上海	127 014	2 380.43	53.36	2	24	3
陕西	94 294	3 753.09	25.12	3	16	5
辽宁	90 061	4 389.00	20.52	4	14	6
吉林	55 921	2 750.40	20.33	5	21	12
湖北	110 856	5 779.00	19.18	6	9	4
江苏	139 529	7 919.98	17.62	7	5	2
天津	22 575	1 413.15	15.97	8	27	24

续表

省份	在校生数	人口数（万人）	每万人在校生数	位次		
				每万人在校生数	人口数	在校生数
黑龙江	60 819	3 834.00	15.86	9	15	11
重庆	46 569	2 945.00	15.81	10	20	14
甘肃	28 306	2 577.55	10.98	11	22	20
四川	85 626	8 076.20	10.60	12	4	7
浙江	54 369	5 477.00	9.97	13	10	13
湖南	62 707	6 638.93	9.45	14	7	10
福建	30 933	3 748.00	8.25	15	17	18
广东	81 458	10 594.00	7.69	16	1	8
安徽	44 351	5 988.00	7.41	17	8	15
山东	70 455	9 684.97	7.27	18	2	9
山西	26 098	3 610.83	7.23	19	18	21
新疆	15 456	2 232.78	6.92	20	25	26
内蒙古	16 227	2 489.85	6.52	21	23	25
云南	29 242	4 659.00	6.28	22	12	19
江西	25 209	4 503.93	5.60	23	13	22
宁夏	3 356	647.19	5.19	24	29	29
广西	23 545	4 682.00	5.03	25	11	23
河北	35 914	7 287.51	4.93	26	6	16
青海	2 579	573.17	4.50	27	30	30
海南	3 538	886.55	3.99	28	28	28
贵州	13 344	3 484.07	3.83	29	19	27
西藏	1 079	307.62	3.51	30	31	31
河南	31 965	9 406.00	3.40	31	3	17

表3-4　31个省、自治区、直辖市人口数、在校生数以及每万人在校生数差异比较

类　别	人口数	在校生数	每万人在校生数
最高值	10 594	236 926	114.4
最低值	307.62	1 079	3.4
最高值/最低值	34	220	34

人口数、在校生数以及每万人中在校研究生数在不同省域分布呈现不均衡状态，计算结果显示（表 3–4），人口数、在校生数以及每万人中在校研究生数的最高值与最低值之比分别为 34、220 和 34。

不同省域分布呈现不均衡状态

31 个省份每万人在校生数差距较大

31 个省份每万人在校生数差距较大。北京市最多，约为 114 人；河南省最少，仅有 3.4 人，北京市约是河南省的 34 倍（表 3–3）。这种差距在排名较前的省份中更为明显，排名第一位的北京比排名第二的上海市高出一倍还多；而排名第二的上海比排名第三的陕西也高出一倍多。从第 4 名开始，波动趋于平缓（图 3–3）。

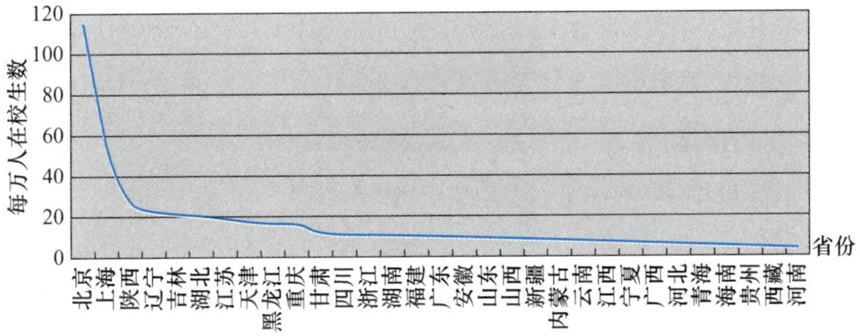

图3–3　2012年31个省、自治区、直辖市每万人在校生数

表 3–3 显示，每万人在校生数的大小与人口和在校生的多寡并没有必然的联系。每万人在校生数比较多的省份中，既有人口大省，如江苏，也有人口小省，如北京、天津、上海等。而从研究生教育规模来看，大部分为研究生教育大省，如北京、江苏、上海、湖北、陕西、辽宁等，天津是个例外，其研究生规模比较小，仅排在全国第 24 位。每万人在校生比较少的省份则呈现出和每万人在校生比较多的省份并不相同的特征。在每万人在校生比较少的省份中，不论是河南、河北等人口大省，还是西藏、青海、宁夏、海南等人口小省，均为研究生教育规模较小省份。31 个省份每万人在校生数、人口数以及在校生位次对比详见图 3–4。

每万人在校生数的大小与人口和在校生的多寡并没有必然的联系

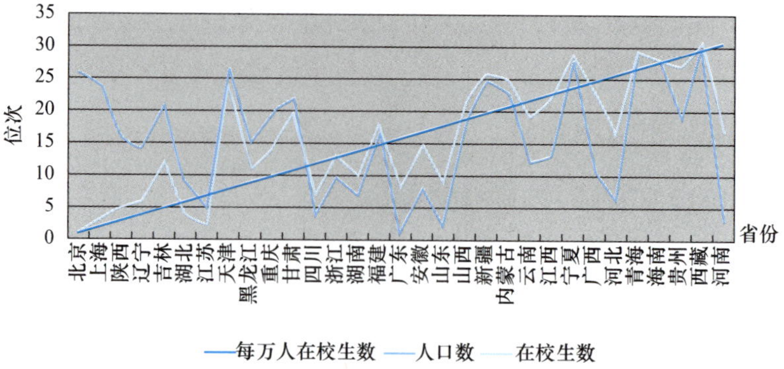

图3-4　31个省、自治区、直辖市每万人在校生数、人口数以及在校生数位次对比

（三）生均科研经费

生均科研经费指科研经费数与在校生数的比例。同时，结合各省 2012 年国民生产总值（GDP）的数据来说明各省投入力度的大小。在校生数、GDP 和科研经费数均为 2012 年数据。科研经费数据来源于《2013 年高等学校科技统计资料汇编》，GDP 数据来源于《中国统计年鉴 2013》。

生均科研经费排名前 10 的省份是天津、浙江、上海、北京、江苏、陕西、青海、广东、安徽、黑龙江。在这 10 个省份中，既有 GDP 较高省份，如广东、江苏、浙江等省，也有 GDP 相对较低等省，如天津、青海等。在生均科研经费排名后 10 的省份中，除去内蒙古和广西 GDP 稍高，其余 8 个省的 GDP 无一例外都相对较小。表 3–5 同时显示，排名后 10 的省份，不仅 GDP 总量不高，而且科研经费占 GDP 的比例也比排名前 10 的省份要低许多。

生均科研经费排名前 10 的省份是天津、浙江、上海、北京、江苏、陕西、青海、广东、安徽、黑龙江

表3–5　31个省、自治区、直辖市生均科研经费、GDP以及科研经费/GDP位次

省份	生均科研经费(千元)	GDP(亿元)	科研经费/GDP（%）	位次		
				生均科研经费	GDP	科研经费/GDP
天津	138.62	12 893.88	2.43	1	20	6
浙江	104.88	34 665.33	1.64	2	4	11
上海	82.49	20 181.72	5.19	3	11	2

续表

省份	生均科研经费(千元)	GDP(亿元)	科研经费/GDP（%）	位次		
				生均科研经费	GDP	科研经费/GDP
北京	75.84	17 879.40	10.05	4	13	1
江苏	74.86	54 058.22	1.93	5	2	9
陕西	71.33	14 453.68	4.65	6	16	3
广东	61.46	57 067.92	0.88	7	1	17
安徽	60.91	17 212.02	1.57	8	14	13
黑龙江	59.83	13 691.58	2.66	9	17	5
青海	58.22	1 893.54	0.79	10	30	19
四川	54.97	23 872.8	1.97	11	8	7
湖北	54.05	22 250.45	2.69	12	9	4
湖南	53.31	22 154.23	1.51	13	10	14
河南	52.33	29 599.31	0.57	14	5	25
山东	52.06	50 013.24	0.73	15	3	20
江西	51.41	12 948.88	1.00	16	19	16
福建	50.99	19 701.78	0.80	17	12	18
辽宁	49.89	24 846.43	1.81	18	7	10
西藏	46.08	701.03	0.71	19	31	21
吉林	41.45	11 939.24	1.94	20	22	8
河北	40.56	26 575.01	0.55	21	6	27
重庆	39.51	11 409.60	1.61	22	23	12
广西	37.73	13 035.10	0.68	23	18	24
海南	36.48	2 855.54	0.45	24	28	29
山西	32.68	12 112.83	0.70	25	21	22
贵州	28.31	6 852.20	0.55	26	26	26
甘肃	27.25	5 650.20	1.37	27	27	15
内蒙古	26.63	15 880.58	0.27	28	15	30
云南	24.29	10 309.47	0.69	29	24	23
新疆	23.80	7 505.31	0.49	30	25	28
宁夏	3.51	2 341.29	0.05	31	29	31

山东、河南、河北、辽宁等省作为GDP大省，其科研经费的投入力度明显偏低。图3–5显示，不论是科研经费占GDP的比重，还是生均科研经费，这几个省份排名都比较靠后。与之相反，天津、上海、北京、陕西等GDP不占绝对优势，但是科研经费投入力度很大，所以生均科研经费均较高。

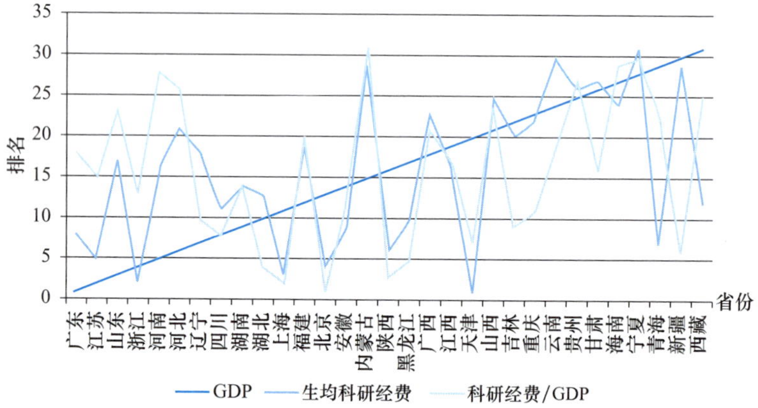

图3–5　31个省、自治区、直辖市GDP、生均科研经费以及科研经费/GDP位次对比图

江苏、浙江等省作为经济大省，GDP比较大，所以即使科研经费投入占GDP比例并不是很高，生均科研经费在全国仍名列前茅。吉林和重庆相对投入虽然也比较高，但是由于GDP较低以及在校生规模较大，所以生均科研经费也比较低。而山西、贵州、海南、宁夏等省，三项排名都比较靠后。

（四）学科点培养能力

学科点培养能力指在校生人数与学科点数的比例。此处学科点分博士学科点和硕士学科点两级，博士学科点培养能力指在校博士生数与博士一级授权学位点数的例，硕士学科点培养能力指在校硕士生数与硕士学科点数的比例。硕士学科点数指一级博士点与一级硕士点数之和。所有数据年度为2012年，数据来源于《中国学位与研究生教育发展年度报告（2013）》。

1. 博士学科点培养能力

博士学科点培养能力最强的10个省份是：北京、上海、湖北、浙江、辽宁、四川、吉林、青海、黑龙江和天津。其中北京最高，每个一级博士学位点平均培养约 128 个博士生。博士学科点培养能力比较薄弱的 10 个省份是：广西、山西、内蒙古、江西、河北、新疆、海南、贵州、河南和宁夏。其中，宁夏最低，约 15 个。31 个省、自治区、直辖市在校博士生数 / 博士学位点数及位次见表 3–6。

北京最高，每个一级博士学位点平均培养约 128 个博士生

宁夏最低，约 15 个

表3–6 31个省、自治区、直辖市在校博士生数/博士学位点数及位次

省 份	学位点数	在校生数	在校生/学位点数	位 次	
				学位点数	在校生/学位点数
北 京	525	67 064	127.74	1	1
上 海	211	26 651	126.31	3	2
湖 北	176	21 195	120.43	4	3
浙 江	77	9 127	118.53	14	4
辽 宁	111	13 062	117.68	8	5
四 川	111	12 888	116.11	9	6
吉 林	86	9 733	113.17	12	7
青 海	1	112	112.00	30	8
黑龙江	93	10 163	109.28	11	9
天 津	79	7 620	96.46	13	10
广 东	135	12 580	93.19	6	11
云 南	26	2 419	93.04	22	12
陕 西	173	15 569	90.00	5	13
江 苏	271	23 451	86.53	2	14
甘 肃	42	3 531	84.07	21	15
湖 南	124	9 831	79.28	7	16
重 庆	68	5 157	75.84	17	17
山 东	106	8 007	75.54	10	18
安 徽	73	4 988	68.33	16	19
福 建	77	4 974	64.60	15	20
广 西	13	693	53.31	26	21
山 西	46	2 147	46.67	20	22
内蒙古	23	1 035	45.00	23	23

续表

省　份	学位点数	在校生数	在校生/学位点数	位　次	
				学位点数	在校生/学位点数
江　西	19	806	42.42	25	24
河　北	53	2 192	41.36	18	25
新　疆	21	844	40.19	24	26
海　南	5	161	32.20	29	27
贵　州	10	307	30.70	27	28
河　南	51	1 298	25.45	19	29
宁　夏	5	76	15.20	28	30
西　藏	0	14	—	—	—

图 3–6 显示，位次高的北京、上海、湖北等省份一级博士学位点规模较大，学科点培养能力也明显较强；浙江、青海、云南、甘肃等省份一级博士学位点规模较位次明显低于其学科点培养能力位次；而江苏、湖南、山东、河北、河南等省份学科点规模位次则高于其培养能力位次。另外，我们还可以发现，除青海外，大部分学科培养能力较强省份都为研究生教育大省；而学科培养能力较弱省份均为研究生教育相对薄弱省份。

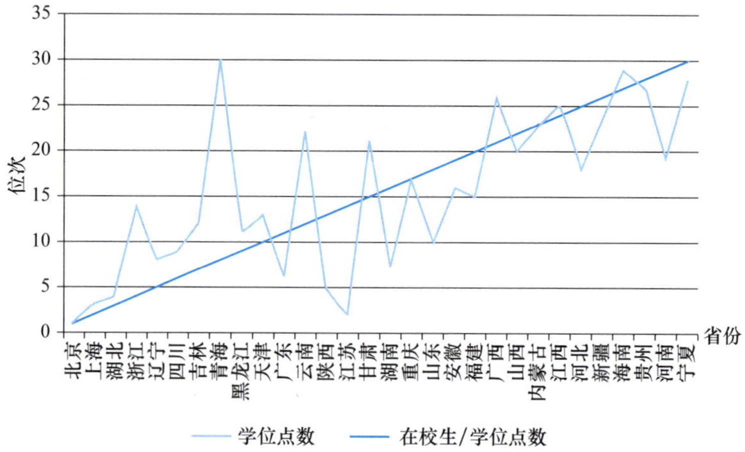

图3-6　31个省、自治区、直辖市博士学位点数与在校博士生数/博士学位点数位次对比

2. 硕士学科点培养能力

硕士学科点培养能力最强的10个省份是：四川、上海、吉林、重庆、湖北、广东、黑龙江、浙江、广西和辽宁。其中，四川最高，每个一级硕士学位点平均培养约155个硕士生。硕士学科点培养能力比较薄弱的10个省份是：河北、贵州、新疆、江西、内蒙古、河南、宁夏、西藏、海南和青海。其中，青海最低，约57个（表3–7）。

四川最高，每个一级硕士学位点平均培养约155个硕士生

青海最低，约57个

表3–7 31个省、自治区、直辖市在校硕士生/硕士学位点数及位次

省份	学位点数	在校生数	在校生/学位点数	位次	
				学位点数	在校生/学位点数
四川	334	51 820	155.149 700 6	9	1
上海	441	62 770	142.335 600 9	6	2
吉林	243	33 475	137.757 201 6	15	3
重庆	210	28 800	137.142 857 1	18	4
湖北	476	60 964	128.075 630 3	3	5
广东	350	44 193	126.265 714 3	8	6
黑龙江	293	36 664	125.133 105 8	12	7
浙江	258	31 873	123.538 759 7	13	8
广西	135	16 297	120.718 518 5	24	9
辽宁	440	52 556	119.445 454 5	7	10
江苏	691	82 450	119.319 826 3	2	11
天津	239	28 260	118.242 677 8	17	12
陕西	470	55 458	117.995 744 7	4	13
北京	1 101	127 779	116.057 220 7	1	14
山西	149	16 960	113.825 503 4	23	15
湖南	317	35 606	112.321 766 6	10	16
甘肃	158	17 510	110.822 784 8	22	17
福建	195	2 134	108.892 307 7	20	18
安徽	243	26 432	108.773 662 6	16	19
云南	167	17 998	107.772 455 1	21	20

续表

省　份	学位点数	在校生数	在校生/学位点数	位　次	
				学位点数	在校生/学位点数
山　东	444	44 022	99.148 648 65	5	21
河　北	250	24 458	97.832	14	22
贵　州	89	8 415	94.550 561 8	27	23
新　疆	109	9 239	84.761 467 89	26	24
江　西	200	15 991	79.955	19	25
内蒙古	126	9 822	77.952 380 95	25	26
河　南	296	22 983	77.645 270 27	11	27
宁　夏	40	2 725	68.125	28	28
西　藏	15	979	65.266 666 67	31	29
海　南	35	2 100	60	29	30
青　海	31	1 785	57.580 645 16	30	31

图 3-7 显示，四川、上海、湖北等省份一级硕士学位点规模较大，学科点培养能力也明显较强；吉林、重庆、广西等省份一级硕士学位点规模较位次明显低于其学科点培养能力位次；而江苏、北京、山东、河北、河南等省份学科点规模位次则高于其培养能力位次。

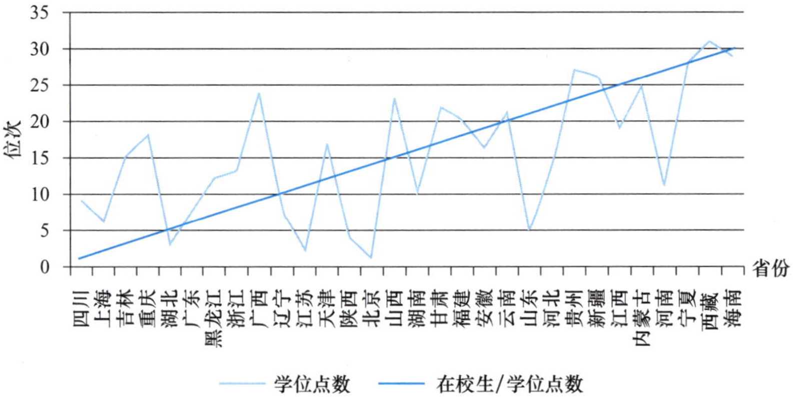

图3-7　31个省、自治区、直辖市硕士学位点数与在校硕士生数/硕士学位点数位次对比

对比图 3–6 和图 3–7，我们还可以发现，从全国整体状况来看，博士点培养能力与学位点规模的位次与硕士点培养能力与学位点规模的位次相比更加接近一些。

图 3–8 显示，北京、辽宁、青海、云南等省博士点培养能力的位次明显高于其硕士点培养能力的位次；四川、重庆、山西等省份则正好相反；江西、河北、新疆、海南、贵州、河南、宁夏等省不论是博士点还是硕士点，其培养能力在全国都比较低。

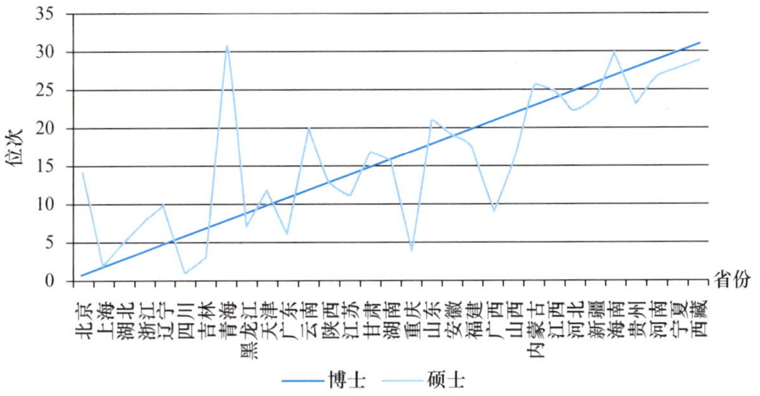

图 3–8　31 个省、自治区、直辖市博士点与硕士点培养能力位次对比

3. 硕士专业学位学科点培养能力

关于硕士专业学位学科点培养能力，本研究根据获取数据的可靠性出发，仅选取 2013 年硕士专业学位中各省的招生人数和专业学位点数的相关数据。数据显示，2013 年硕士专业学位科点培养能力最强的 10 个省份是：辽宁、陕西、贵州、上海、江苏、北京、广东、湖北、重庆和湖南。其中，辽宁最高，每个硕士专业学位点平均招生培养约 98 个硕士生。硕士学科点培养能力比较薄弱的 10 个省份是：山西、甘肃、吉林、福建、新疆、山东、云南、河南、河北和西藏。其中，西藏最低，约 30 个。31 个省份 2013 年硕士专业学位招生人数 / 硕士专业学位点数及位次见表 3–8。

辽宁最高，每个硕士专业学位点

平均招生培养约 98 个硕士生

西藏最低，约 30 个

表3-8　31个省、自治区、直辖市2013年硕士专业学位招生人数/硕士专业学位点数以及位次

省　份	招生数	专业学位点数	招生数/学位点数	位　次	
				学位点数	招生数/学位点数
辽　宁	11 878	121	98.17	7	1
陕　西	11 099	118	94.06	9	2
贵　州	2 147	23	93.35	27	3
上　海	15 045	167	90.09	3	4
江　苏	16 583	190	87.28	2	5
北　京	27 793	324	85.78	1	6
广　东	10 583	124	85.35	6	7
湖　北	13 688	163	83.98	4	8
重　庆	5 704	69	82.67	20	9
湖　南	7 560	93	81.29	10	10
海　南	642	8	80.25	29	11
内蒙古	2 647	33	80.21	26	12
浙　江	6 887	86	80.08	13	13
安　徽	6 206	78	79.57	17	14
四　川	9 508	120	79.23	8	15
江　西	4 207	54	77.91	21	16
广　西	3 299	43	76.72	24	17
黑龙江	6 195	81	76.48	16	18
天　津	6 454	89	72.52	12	19
青　海	496	7	70.86	30	20
宁　夏	625	9	69.44	28	21
山　西	3 244	47	69.02	23	22
甘　肃	3 573	52	68.71	22	23
吉　林	6 313	93	67.88	10	24
福　建	4 766	71	67.13	18	25

续表

省　份	招生数	专业学位点数	招生数/学位点数	位　次	
				学位点数	招生数/学位点数
新　疆	2 656	42	63.24	25	26
山　东	9 814	157	62.51	5	27
云　南	4 330	70	61.86	19	28
河　南	4 880	82	59.51	15	29
河　北	4 802	86	55.84	13	30
西　藏	92	3	30.67	31	31

图 3–9 显示，北京、江苏、上海、辽宁等省份硕士专业学位点规模较大，其学科点培养能力也较强；而山东、吉林、河南、河北等省份硕士专业学位点规模较位次明显低于其学科点培养能力位次；贵州、重庆、内蒙古、海南学科点培养能力明显高于学位点规模；而山西、甘肃、新疆、西藏等省份学科点规模位小其培养能力也较低。

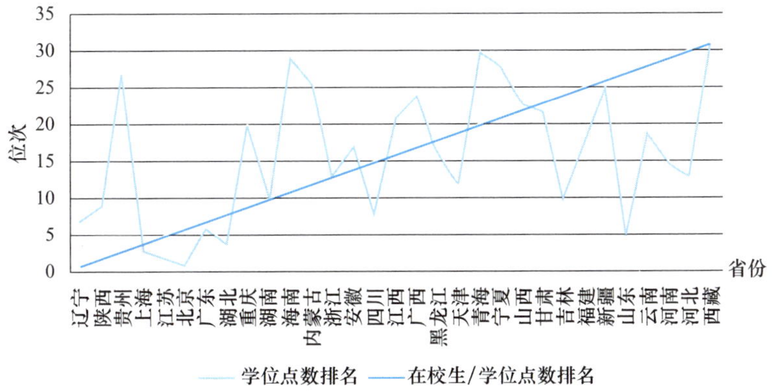

图 3–9　31 个省、自治区、直辖市 2013 年硕士专业学位招生人数 / 硕士专业学位点数位次对比

总之，在进行培养能力排名时，首先要注意的是，培养能力属于非线性指标，在一定的区间内，培养能力属于鼓励型增长指标。但超出一定的区间范围，学位点培养人数太多，培养质量可能就会受到影响；而培养人数太小，又会造成

培养资源的浪费。其次，由于《学位授予和人才培养学科目录（2011 年）》2011 年才开始施行，之前一直按照《授予博士、硕士学位和培养研究生的学科、专业目录（1997 年颁布）》进行授权和研究生培养，而《授予博士、硕士学位和培养研究生的学科、专业目录（1997 年颁布）》中的一级学科下设的二级学科数量并不相同，所以不同一级学科的培养能力是不等同的。这反映在不同省份中，就会出现不同省份由于涵盖一级学科的不同。所以，培养能力上的不同并不能就表明其培养能力的绝对高低。因此，对于培养能力这一指标而言，就上述问题还要具体问题具体分析。

第四章　研究生满意度调查

研究生教育质量取决于研究生培养单位所提供的课程教学、导师指导、科研训练、管理服务的质量和水平，也取决于研究生教育对国家、社会以及学生等不同主体需求的满足程度。其中，研究生作为研究生教育的核心利益相关方，对研究生教育的满意度是评价教育质量的重要维度。开展研究生满意度调查，不仅能较为有效地获知研究生满意度信息，了解研究生教育的基本状况，并且对于相关管理部门改进研究生教育管理，进而提升人才培养质量与研究生教育质量都具有重要的积极作用。

为此，笔者在 2012 年、2013 年开展的研究生满意度调查基础上，对调查设计进行了改进完善，持续实施研究生满意度调查，以期了解研究生满意度的基本状况与动态变化。

一、调查内容与样本

（一）调查目的

本调查的主要目的有三个。一是了解研究生对研究生教育总体上的满意度，对我国研究生教育的整体质量作出评价。二是获得研究生对研究生教育各个环节、各个方面的评价，发现研究生教育中存在的问题。三是探究不同群体研究生对研究生教育的评价的差别并揭示其意义。

（二）调查内容

本课题组在充分研究并借鉴服务质量、学生满意度相关理论与国内外学生满意度调查经验的基础上，并根据 2012 年、2013 年开展的我国研究生满意度调查反馈的信息，对调查问卷进行了改进，最终形成了《2014 年研究生满意度调查问卷》（见本章附录）。问卷采用五级量表，将研究生的满意度评价分为“非常满意、满意、一般、不太满意、非常不满意”五个级别。问卷内容主要由以下七个部分构成：

第一部分调查研究生的性别、培养单位类型、学科领域（共分13个学科门类）、学位层次、学位类型及年级等背景信息；

第二部分调查研究生的总体满意度，包括研究生对研究生教育的总体满意度及对课程教学、科学研究、导师指导、管理服务等主要环节和方面的总体满意度；

第三部分调查研究生对课程教学方面的满意度，包括对课程体系、课程前沿性、教师教学水平、教学方法以及课程实施作用等的具体评价；

第四部分调查研究生对科研训练的满意度，包括研究生在读期间参与科研项目的数量、对所参与项目的学术含量，对科研训练在提升自身创新能力、学术素养、实践能力、学习能力和就业竞争力等方面的作用，对所获得的科研补贴与支持等的评价；

第五部分调查研究生对导师指导的满意度，包括对导师的学术水平、道德修养、指导频率和时间、指导水平以及对导师在学术兴趣、专业知识、科研能力、治学态度和道德修养等方面对自己的影响程度的评价；

第六部分调查研究生对培养单位管理服务的满意度，包括对培养单位提供的奖学金和“三助”岗位，学校的食堂、住宿和图书馆，学术交流与就业指导服务等方面的评价；

第七部分调查专业学位研究生的满意度，包括专业学位研究生校外导师、参与专业实践的情况以及对校外导师指导与专业实践的评价。

（三）调查样本

共调查43所研究生培养单位

本调查采取分层抽样，共调查43所研究生培养单位，其中“985工程”高校19[①]所，“211工程”高校12[②]所，其他高校11[③]所，科研院所1所[④]，分别是中国科学技术大学、哈尔滨工业大学、北京航空航天大学、西北工业大学、东南大学、四

① 指列入“985工程”建设的高校，简称“985高校”。

② 指列入“211工程”但未列入“985工程”的高校，简称“211高校”。

③ 指除了“985高校”和“211高校”之外其他有培养研究生资格的高校。

④ 本调查科研院所包括中国科学院大学。

川大学、电子科技大学、西北农林科技大学、重庆大学、大连理工大学、南开大学、国防科技大学、山东大学、华南理工大学、吉林大学、中南大学、中国海洋大学、天津大学、北京理工大学、西安电子科技大学、苏州大学、华北电力大学、北京交通大学、南京师范大学、华中师范大学、第四军医大学、西北大学、南京农业大学、东北师范大学、郑州大学、北京林业大学、山西大学、桂林理工大学、海军工程学院、河北大学、宁波大学、西安建筑科技大学、湘潭大学、西安空军工程大学、三峡大学、广西师范大学、青岛农业大学、中国科学院大学；共发放问卷 15000 份，回收问卷 13413 份，回收率 89.4%[①]；有效问卷 13310 份，问卷有效率 99.2%。在有效问卷中，985 高校最多，达到 6255 份，占 47.0%，科研院所最少，占 2.6%。不同类型培养单位调查样本分布见图 4–1。

有效问卷 13310 份，问卷有效率 99.2%

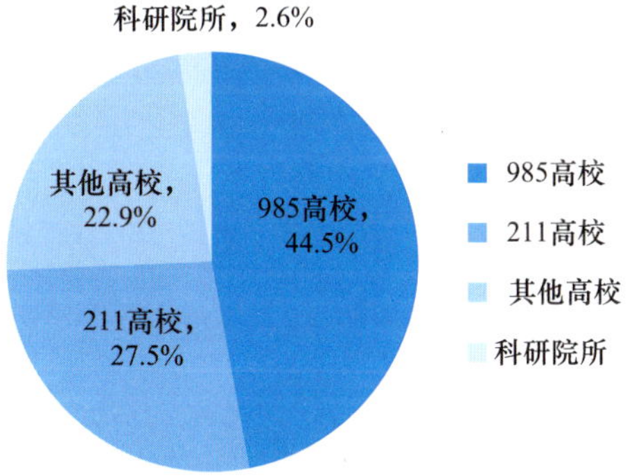

图4–1　不同类型培养单位调查样本分布情况

调查对象按性别分，男生 7394 人，占 55.5%；女生 5877 人，占 44.2%；缺失值 39 人，占 0.3%。按培养层次分，硕士研究生 10896 人，占 81.9%；博士研究生 2393 人，占 18.0%；调查对象按年级分布见表 4–1；缺失值 21 人，占 0.2%。按培养类型分，学术学位研究生 10319 人，占 78.5%（学术学位研究生按学科分类情况见表 4–2，图 4–2）；专业学位研究生 2792 人，占 21.0%；缺失值 199 人，占 1.5%。

---

① 本调查结果中的数据采用四舍五入法，保留到小数点后一位。

表4–1 调查对象按层次、年级分布情况

类别	硕士研究生		博士研究生	
	人数	比例(%)	人数	比例(%)
一年级	5 089	46.7	837	35.0
二年级	3 858	35.4	722	30.2
三年级	1 824	16.7	524	21.9
四年级及以上①	—	—	276	11.5
缺失值	125	1.1	34	1.4
合计	10 896	100②	2 393	100

注:① 我国研究生学制普遍为硕士研究生 2—3 年,博士研究生 3—4 年。

② 由于调查数据采用四舍五入法保留到小数点后一位以及部分题项存在个别缺失值,因而存在个别项百分比之和精确不到 100%。

表4–2 学术学位研究生按学科分类情况

学科门类	人数(人)	比例(%)
工学	4 401	42.6
理学	1 919	18.6
管理学	858	8.3
农学	493	4.8
法学	482	4.7
文学	456	4.4
经济学	396	3.8
医学	370	3.6
教育学	247	2.4
艺术学	159	1.5
哲学	136	1.3
历史学	135	1.3
军事学	76	0.7
缺失值	191	1.9
合计	10 319	100

较之 2013 年调查,在样本规模方面,本次调查样本有较大规模增加,回收有效问卷超过 13000 份;在样本选择方面,更加考虑了不同培养单位、不同性别、不同学科门类研究生的合理比例。例如,本次调查的不同学科门类研究生的比例与 2010 年全国不同学科门类研究生比例接近,调查专业学位研究生比例比 2013 年提升了 4.2 百分点。这些方面进一步保证了本次调查与分析的科学性。

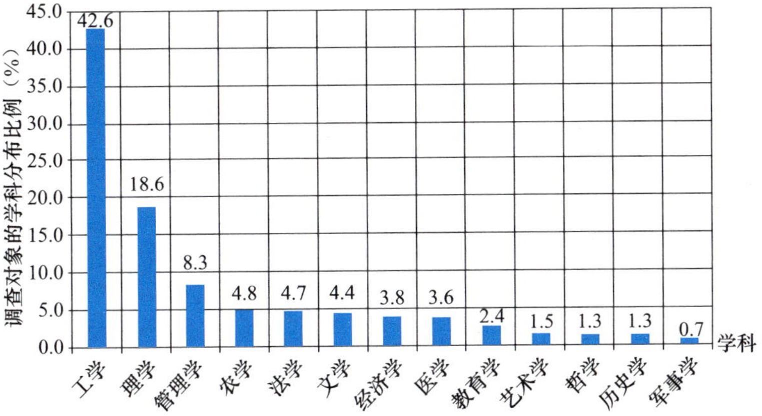

图4-2 调查对象中学术学位研究生的学科分布

二、调查主要结论

（一）研究生总体满意度

研究生对研究生教育的总体满意度率达到了 66.4%。2014 年研究生总体满意度见图 4-3。

研究生对研究生教育的总体满意度率达到了 66.4%

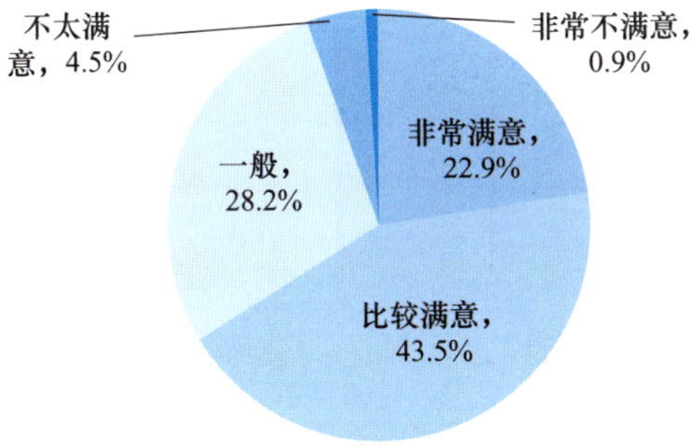

图4-3 2014年研究生总体满意度

（1）不同性别群体相比，女生对研究生教育的总体满意度（满意率 66.9%）稍高于男生（满意率 66.0%），见图 4-4。

女生对研究生教育的总体满意度稍高于男生

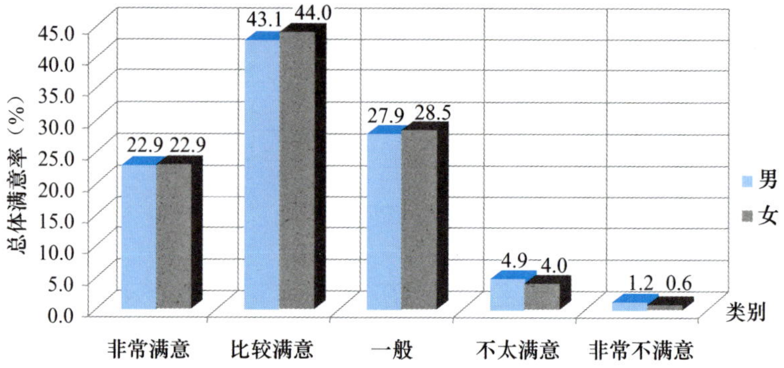

图4-4　不同性别研究生总体满意度比较

（2）在各类培养单位中，科研院所研究生对研究生教育的总体满意度最高，满意率达到了 72.4%，其次是“985 高校”、“211 高校”和其他高校。不同类型培养单位研究生总体满意度比较见图 4–5。

科研院所研究生对研究生教育的总体满意度最高达到 72.4%

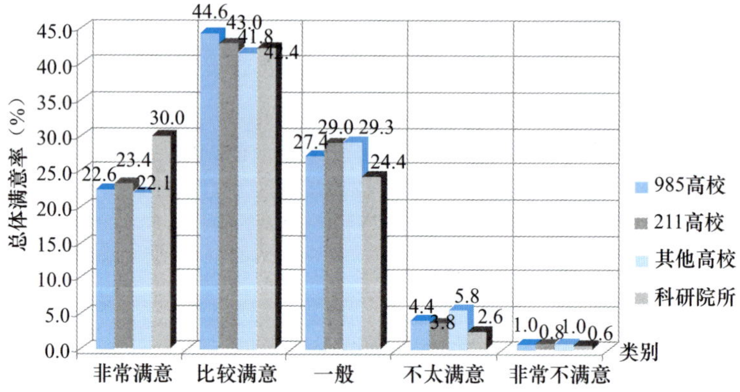

图4-5　不同类型培养单位研究生总体满意度比较

（3）在各学科门类学术学位研究生中，哲学研究生的总体满意度最高，满意率达到 80.5%，高于 2012 年的 73.8%。

80.5%

哲学研究生的总体满意度最高 73.8%

除哲学研究生外，各学科门类中研究生总体满意率分由高到低分别为医学（79.8%）、历史学（79.1%）、艺术学（71.2%）、经济学（71.1%）、农学（68.8%）、军事学（68.3%）、文学（67.1%）、理学（66.7%）、法学（66.5%）。其中，历史学研究生整体满意度比去年高 10.8 百分点，在各学科门类中提升幅度最大，经济学研究生、艺术学研究生整体满意度都比 2013 年高 10 百分点以上。

教育学研究生在各学科门类中总体满意度**最低**

教育学研究生在各学科门类中总体满意度最低，其次是工学和管理学研究生。这三个学科研究生的总体满意率分别为 60.6%、63.0%、65.7%，明显低于其他学科门类研究生。图 4–6 显示了各学科按照总体满意度由高到低的排列。

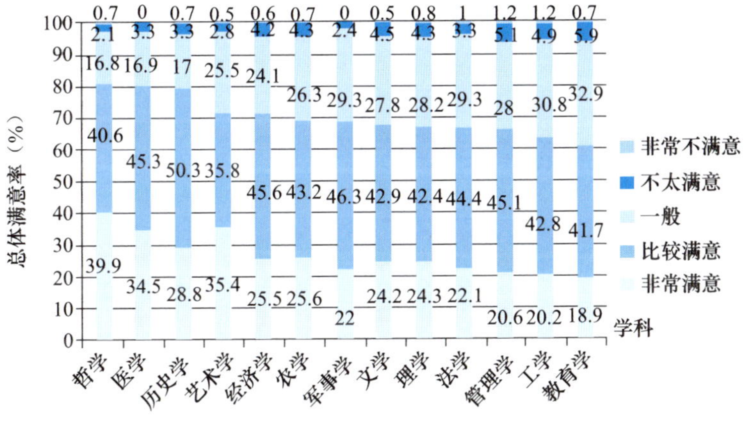

图4–6　各学科按照总体满意度由高到低的排列

（4）博士生的总体满意度高于硕士生。博士研究生的总体满意率达 70.9%，明显高于硕士生（总体满意率 65.5%），但均低于 2013 年博士研究生满意率 72.0%，硕士研究生满意率 66.4% 的水平。图 4–7 显示了不同层次研究生总体满意度比较情况。

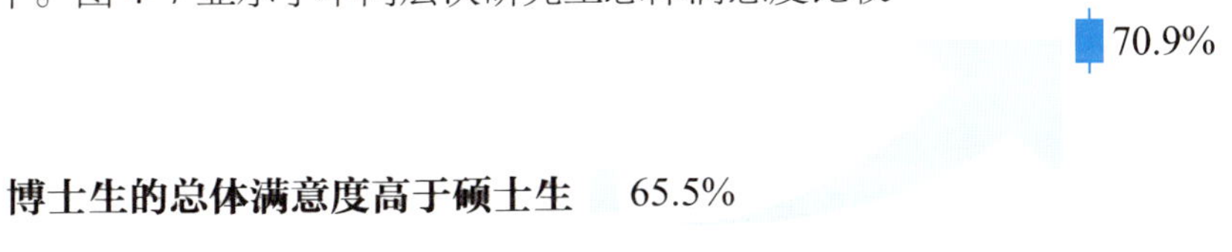

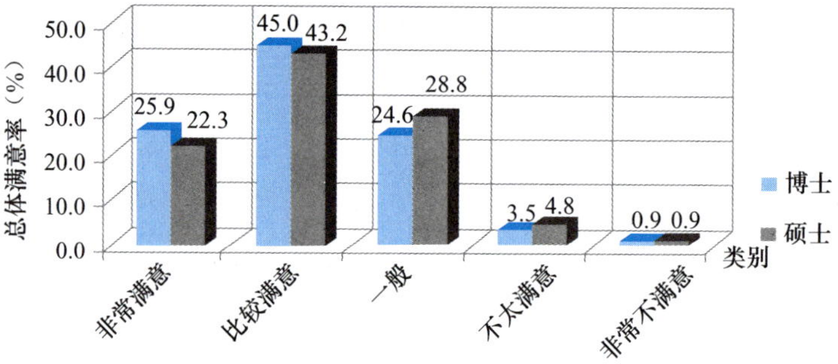

图4-7　不同层次研究生总体满意度比较

（二）课程教学满意度

研究生对课程教学方面的满意率为 74.7%。研究生对课程教学的满意度详见图 4-8。

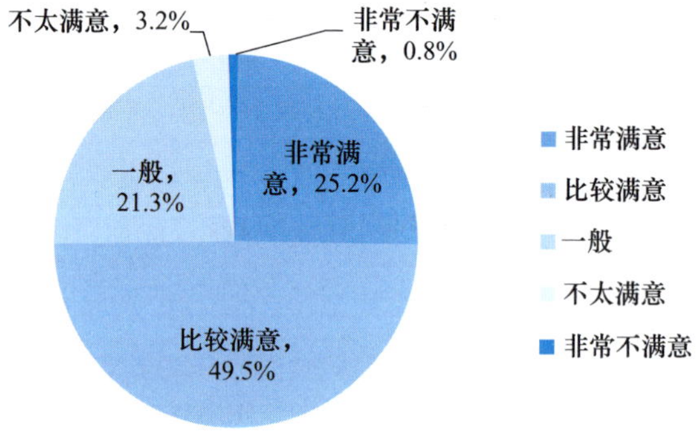

图4-8　研究生对课程教学的满意度

（1）在各类培养单位中，科研院所研究生对课程教学的满意度最高，满意率达到了 79.3%，且没有学生选择“非常不满意”，但是低于 2013 年的满意率 81.9%，“985 高校”研究生较其他类型培养单位满意率最低，为 74.2%。不同类型培养单位研究生对课程教学的满意度比较详见图 4-9。

2013 年 81.9%

2014 年 79.3%

科研院所研究生对课程教学的满意度最高

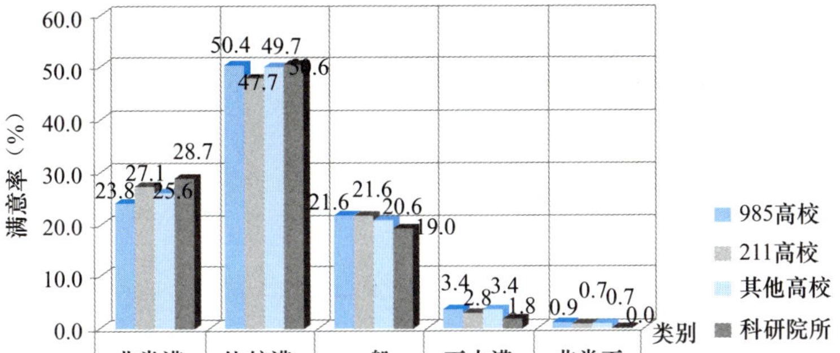

	非常满意	比较满意	一般	不太满意	非常不满意
985高校	23.8	50.4	21.6	3.4	0.9
211高校	27.1	47.7	21.6	2.8	0.7
其他高校	25.6	49.7	20.6	3.4	0.7
科研院所	28.7	50.6	19	1.8	0

图4-9　不同类型培养单位研究生对课程教学的满意度比较

课程教学在提升研究生能力方面的作用，评价依然**普遍偏低**

（2）对于课程教学在提升研究生能力方面的作用，研究生的评价依然普遍偏低。对课程教学在夯实基础知识、学习科研方法、了解学科前沿几个方面的作用，研究生的选择“很大”或“较大”的比例只有 65.0%、61.7%、60.7%；课程教学在提高学习兴趣与提升实践能力两方面作用也较弱，仅有 55.0%、50.6% 的研究生表示作用“很大”或“较大”。而对课程教学在提高创新能力方面的作用，只有不到一半（49.7%）的研究生表示“很大”或“较大”。研究生对课程教学作用的评价详见图 4-10。

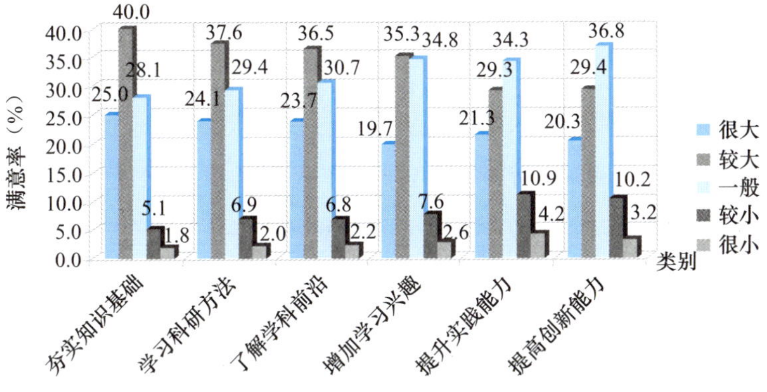

图4-10　研究生对课程教学作用的评价

（3）研究生对课程前沿性、课程体系合理性评价较低，满意率分别只有 59.0%、59.1%（图 4–11、图 4–12）。

研究生对课程前沿性满意率 59.0%

课程体系合理性满意率 59.1%

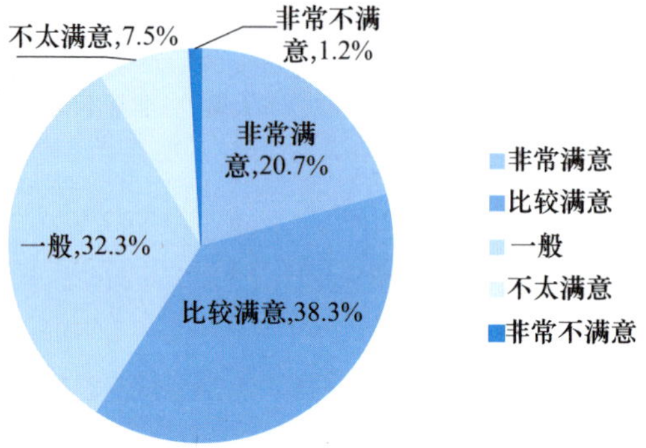

图4–11 研究生对课程前沿性评价

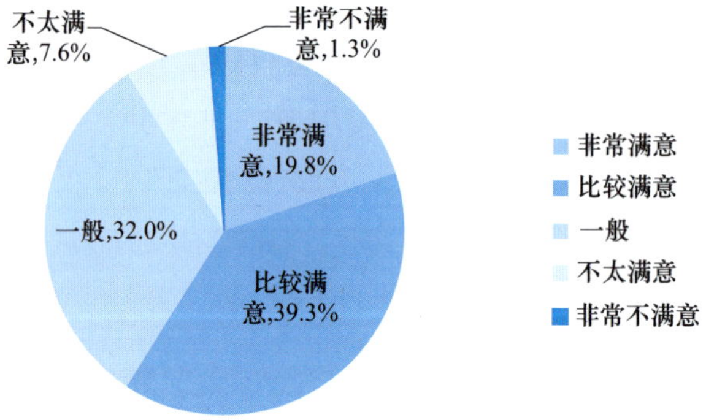

图4–12 研究生对课程体系合理性的评价

（4）研究生对教师教学水平的评价高于对教师教学方法的评价，有 76.3% 的研究生对教师的教学水平表示满意，但仅有 67.3% 的研究生对教师的教学方法表示满意（图 4–13）。

研究生对教师教学水平的评价

高于对教师教学方法的评价

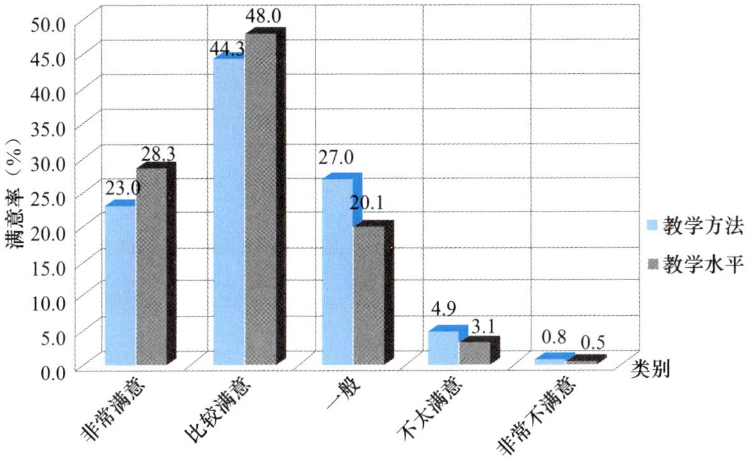

图4-13　研究生对教师教学水平及教学方法的满意度

（三）科研训练满意度

研究生对科研训练的满意率为 71.0%。研究生对科研训练的满意度详见图 4–14。

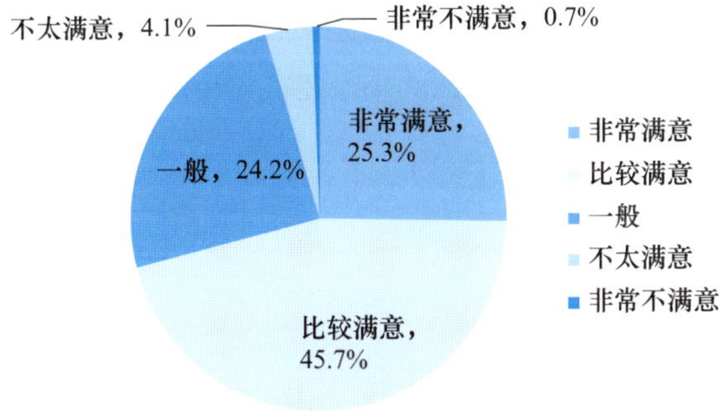

图4-14　研究生对科研训练的满意度

（1）在各类培养单位中，科研院所研究生对科研训练的满意度最高，满意率达到了 82.5%，高于 2013 年 2.1 百分点（80.4%）；“211 高校”研究生对科研训练的满意度最低，满意率为 69.7%，但也高于 2013 年 2.5 百分点（67.2%）。不同类型培养单位研究生对科研训练的满意度比较详见图 4–15。

“211 高校”研究生对科研训练的满意率

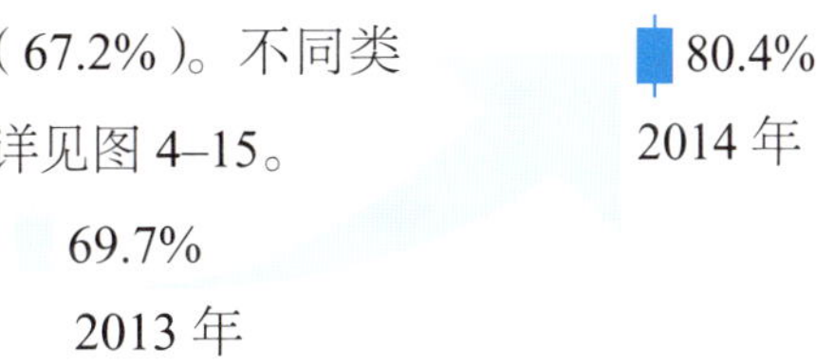

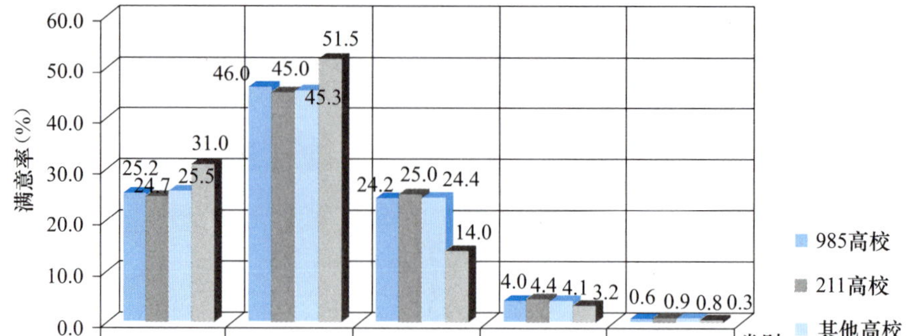

	非常满意	比较满意	一般	不太满意	非常不满意
985高校	25.2	46	24.2	4	0.6
211高校	24.7	45	25	4.4	0.9
其他高校	25.5	45.3	24.4	4.1	0.8
科研高校	31	51.5	14	3.2	0.3

图4-15　不同类型培养单位研究生对科研训练的满意度比较

（2）就培养层次而言，博士生对科研训练的满意率达到 82.8%，虽然低于 2013 年（满意率 83.3%）0.5 百分点，但依然比硕士生（满意率 68.5%）高出 14 百分点。硕士生满意率比 2013 年的 67.1% 提升了 1.4 百分点（图 4–16）。

博士生对科研训练的满意率比硕士生高出 14 百分点

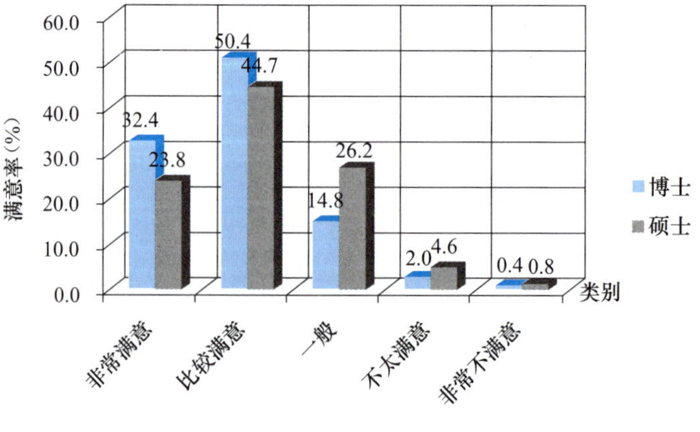

图4-16　不同层次研究生对科研训练的满意度比较

（3）研究生对参与科研项目的学术含量评价较低，表示参与科研项目的学术含量“很高”或“较高”的比例仅为 52.6%（图 4–17）。

研究生表示参与科研项目的学术含量“很高”或“较高”的比例仅为 52.6%

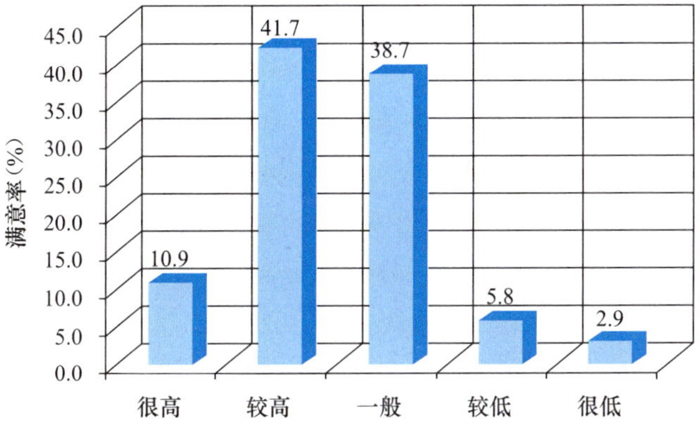

图4–17　研究生对参与科研项目的学术含量评价

（4）关于科研训练在提升研究生能力方面的作用，研究生更加认可科研训练对于提升自身学习能力和学术素养的作用，在这两个方面选择“很大”或“较大”的比例分别为 79.3% 和 75.2%。研究生对于科研训练在提升自身就业竞争力方面的作用评价相对较低，在这方面选择“很大”或“较大”的比例分别只有 55.9%，但比 2013 年的 53.4% 提升了 2.5 百分点（图 4–18）。

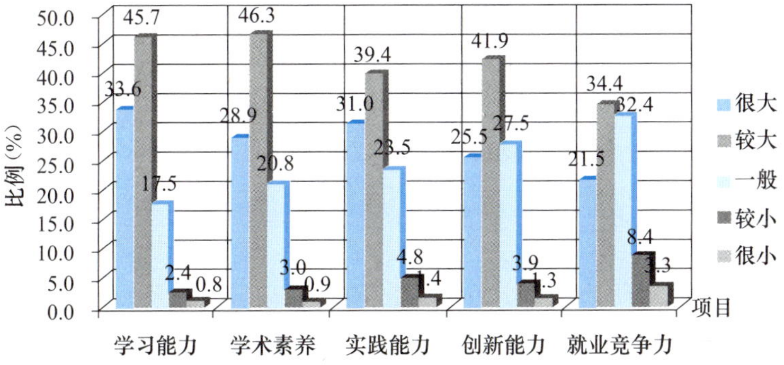

图4–18　研究生对科研训练作用的评价

（5）研究生对所获科研补贴的评价依然较低。对科研补贴表示满意的研究生仅占 36.7%，但比 2013 年的 34.3% 上升了 2.4 百分点，研究生对科研补贴的满意度详见图 4–19。

科研补贴表示满意的研究生比 2013 年上升了 2.4 百分点

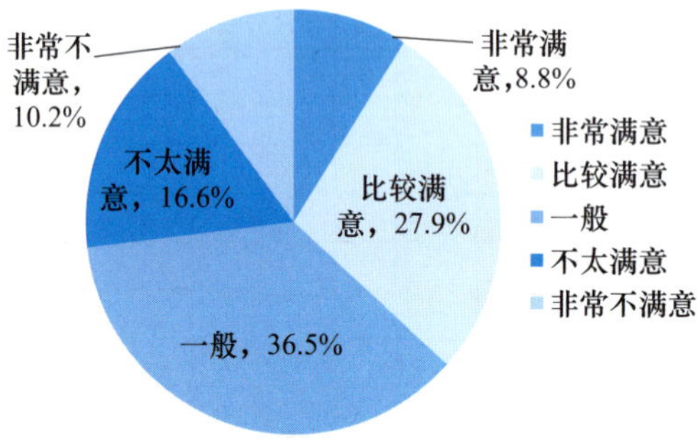

图4-19　研究生对科研补贴的满意度

（四）指导教师满意度

研究生对指导教师的满意率达到 85.7%

在课程教学、科研训练、指导教师、管理与服务等研究生教育各主要方面中，研究生对指导教师的满意度最高，满意率达到 85.7%（图 4–20）。

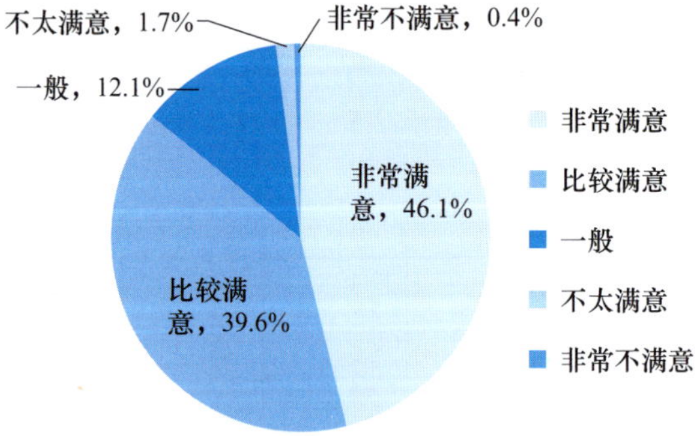

图4-20　研究生对指导教师的满意度

（1）关于导师对研究生各方面素质的影响，研究生的评价普遍较高。其中，在治学态度和道德修养方面，研究生的评价更高一些，表示导师对自身治学态度和道德修养“很大”或“较大”的比例都超过了 80%。研究生表示导师对自身学术兴趣的影响“很大”或“较大”的比例相对低一些，只有 73.6%。研究生对导师影响的评价见图 4–21。

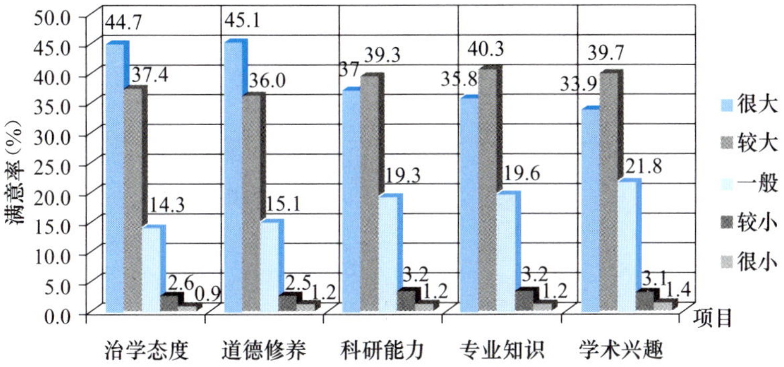

图4–21　研究生对导师影响的评价

（2）研究生对导师道德修养和学术水平的评价相对较高（满意率分别达到了 90.4% 和 88.7%）；对导师指导水平也较为认可，满意率达到了 84.4%，对导师指导频率或时间的评价相对较低（满意率为 77.1%），略高于 2013 年 0.7 百分点（满意率为 76.4%）。研究生对指导教师各题项满意度评价详见图 4–22。

研究生对导师道德修养和学术水平的评价相对较高（满意率分别达到了 90.4% 和 88.7%）

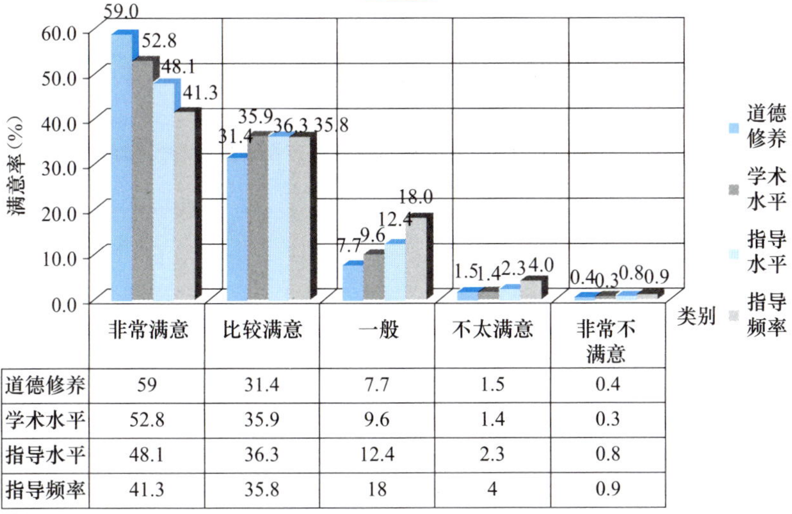

	非常满意	比较满意	一般	不太满意	非常不满意
道德修养	59	31.4	7.7	1.5	0.4
学术水平	52.8	35.9	9.6	1.4	0.3
指导水平	48.1	36.3	12.4	2.3	0.8
指导频率	41.3	35.8	18	4	0.9

图4–22　研究生对指导教师各题项满意度评价

（五）管理与服务满意度

研究生对管理与服务的满意率为 68.0%。对培养单位管理与服务的满意度见图 4–23。

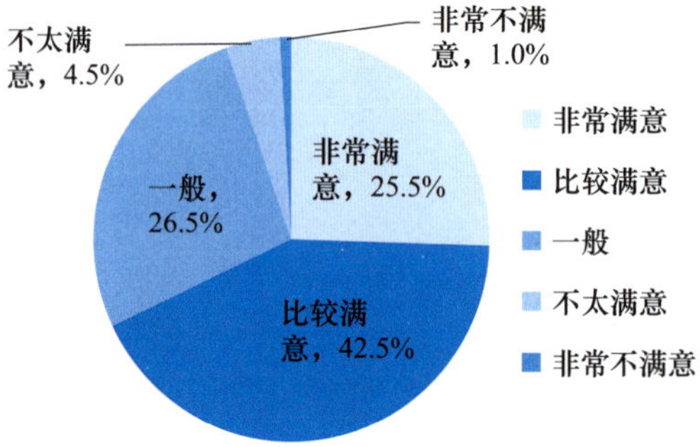

图4–23　研究生对培养单位管理与服务的满意度

在培养单位管理与服务各子项中，研究生对图书馆的满意度相对较高（满意率超过了 70%，为 71.85%），且高于 2013 年满意率 71.3% 0.5 百分点，而对于奖学金、“三助”岗位、宿舍、学生管理、对学术交流的支持等方面的满意度相对较低，满意率均低于 60.0%；研究生对食堂和就业指导与服务的满意度最低，满意率分别只有 44.1% 和 49.1%（表 4–3）。

研究生对图书馆的满意度相对较高，且高于 2013 年满意率 71.3% 0.5 百分点

表4–3　研究生对管理服务各方面满意度评价排序　（%）

项　目	非常满意	比较满意	一般	不太满意	非常不满意
图书馆	30.2	41.6	19.9	6.1	2.2
学生管理	18.5	38.4	33.0	7.8	2.3
“三助”岗位	18.6	36.7	32.6	8.9	3.0
学术交流	18.6	36.0	32.5	10.0	2.9
奖学金	17.6	35.5	30.8	11.0	5.1
宿舍	16.5	33.5	28.6	13.2	8.2
就业指导服务	16.2	32.9	35.8	11.2	4.0
食堂	14.1	30.0	30.4	15.7	9.8

（六）专业学位研究生满意度

（1）专业学位研究生对研究生教育的总体满意度高于学术学位研究生。调查对象中，专业学位研究生人数为 2792，占总体 21.0%。专业学位研究生对研究生教育的总体满意率为 67.0%，比去年提高 0.5 百分点（66.5%），比学术学位研究生的总体满意率（66.2%）高近 1 百分点。但专业学位研究生对课程教学、科研训练、指导教师等方面的满意度均低于学术学位研究生。专业学位与学术学位研究生各项满意度比较见图 4–24。

专业学位研究生对研究生教育的总体满意度高于学术学位研究生

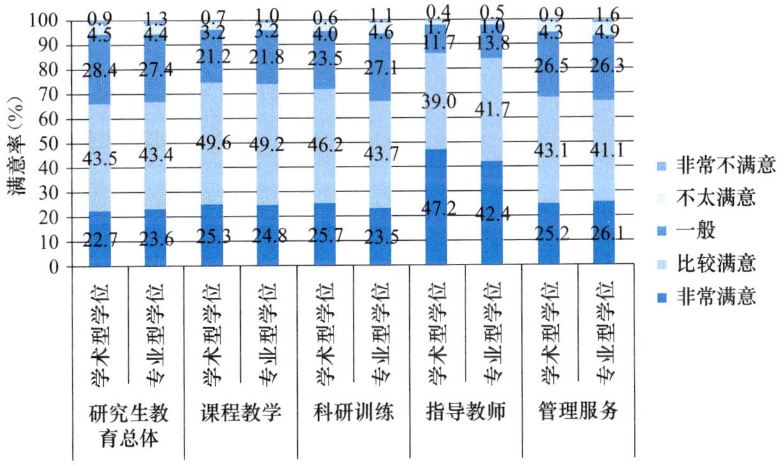

图4–24　专业学位与学术学位研究生各项满意度比较

（2）拥有校外导师的专业学位研究生比例依然过低。仅有 21.5% 的专业学位研究生都拥有校外导师。专业学位博士生拥有校外导师的比例（17.6%）低于专业学位硕士生（27.6%）。在拥有校外导师的专业学位研究生中，有 72.8% 对校外导师表示满意（图 4–25），低于 2013 年 1 百分点。

仅有 21.5% 的专业学位研究生都拥有校外导师

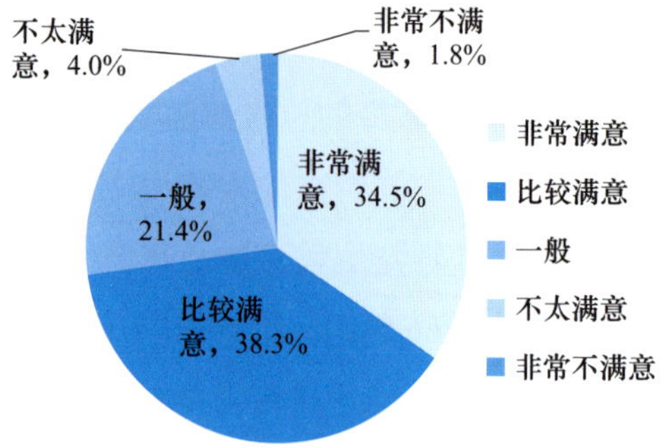

图4-25　专业学位研究生对校外导师指导满意度

只有 25.8% 的专业学位研究生进入实践基地参加专业实践

（3）只有 25.8% 的专业学位研究生进入实践基地参加专业实践。专业学位博士生进入实践基地的比例（26.0%）高于专业学位硕士生（25.7%）。在进入实践基地的专业学位研究生中，有 78.8% 对自己在实践基地的专业实践表示满意，比 2013 年 70.3% 提高了 8.5 百分点。专业学位研究生对实践基地的满意度见图 4–26。

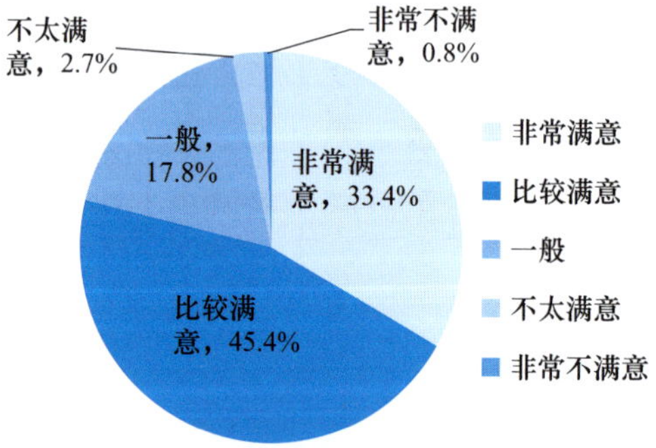

图4-26　专业学位研究生对实践基地的满意度

三、研究生教育满意度历年比较

2013 年研究生对研究生教育总体满意度最高

（一）研究生总体满意度

2012—2014 年三年中，2013 年研究生对研究生教育总体满意度最高，研究生的总体满意率达到了 67.4%，比 2012 年总体满意率高 4.3 百分点，比 2014 年总体满意率高 1 百分点（图 4–27）。

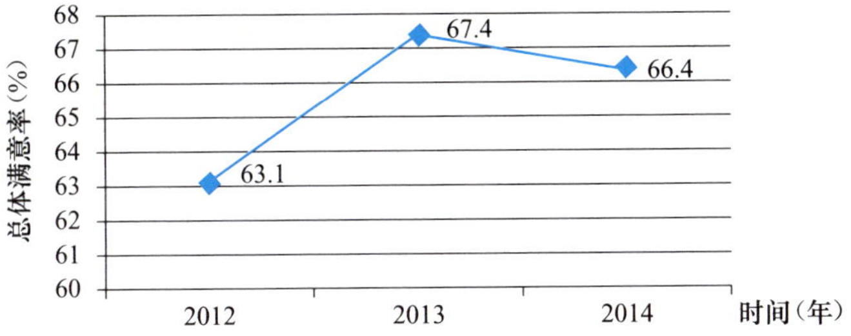

图4–27　2012—2014年研究生总体满意度

（1）不同性别群体相比，除 2012 年男生对研究生教育的总体满意度高于女生外，2013 年、2014 年连续 2 年，女生对研究生教育整体的满意度高于男生（图 4–28）。

2013 年、2014 年连续 2 年，女生对研究生教育整体的满意度高于男生

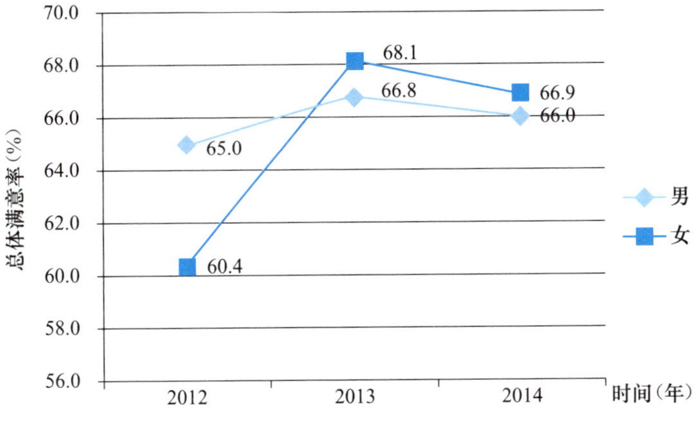

图4–28　2012—2014年不同性别群体研究生总体满意度

（2）在各类培养单位中，仅“985 高校”研究生对研究生教育总体满意度逐年上升，科研院所研究生对研究生教育总体满意度连续三年在各类培养单位中最高。2012—2014 年不同类型培养单位研究生总体满意度见图 4–29。

仅“985 高校”研究生对研究生教育总体满意度逐年上升

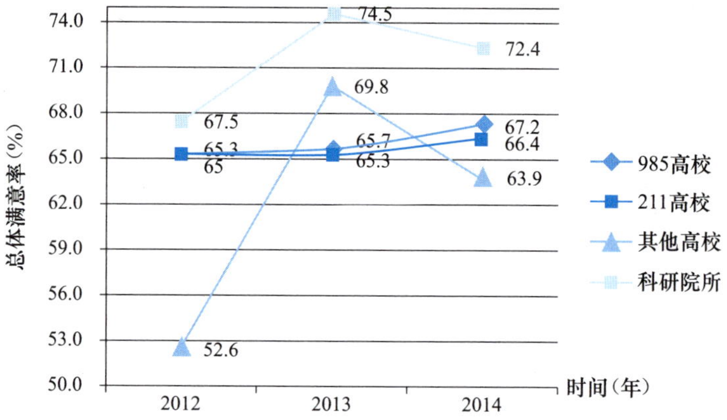

图4-29　2012—2014年不同类型培养单位研究生总体满意度

（3）在各学科门类中，哲学研究生的总体满意度持续上升，并在2014年成为各学科门类中满意度排名第一的学科。此外，历史学、管理学2个学科门类的研究生对研究生教育总体满意率也在逐年上升（表4–4）。

哲学研究生的总体满意度持续上升

历史学、管理学研究生的总体满意度逐年上升

表4–4　2012—2014年不同学科研究生总体满意度三年比较　（%）

学　科	2012年	2013年	2014年
哲　学	60.1	73.8	80.5（年度最高）
经济学	64.3	60.9（年度最低）	71.1
法　学	58.0	71.0	66.5
教育学	55.8	68.8	60.6（年度最低）
文　学	54.0（年度最低）	72.9	67.1
历史学	68.2	68.3	79.1
理　学	67.7	68.3	66.7
工　学	65.0	65.5	63.0
农　学	54.4	70.0	68.8
医　学	78.8（年度最高）	80.9（年度最高）	79.8
军事学	67.5	73.3	68.3
管理学	55.0	61.3	65.7
艺术学	68.7	62.2	71.2

（4）博士研究生对研究生教育整体满意度连续三年均高于硕士研究生，但二者之间的差距从 2012 年的近 10 百分点，缩小至 2014 年的 5.4 百分点（图 4–30）。

博士研究生对研究生教育整体满意度连续三年均高于硕士研究生

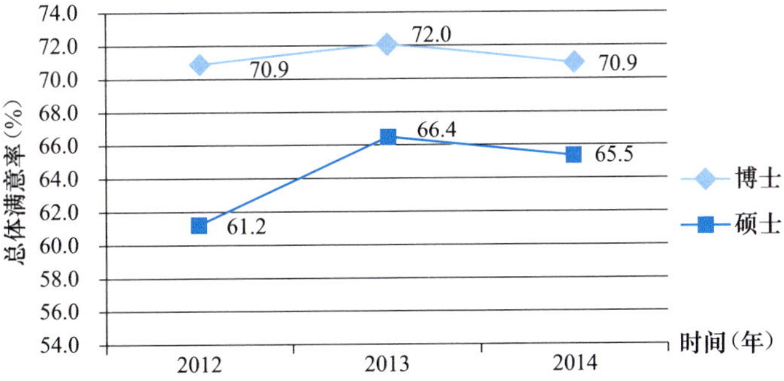

图4-30　2012—2014年不同层次研究生总体满意度

（二）课程教学满意度

2012—2014 年三年中，2013 年研究生对课程教学总体满意度最高，研究生对课程教学的整体满意率达到了 75.7%，比 2012 年课程教学总体满意率高近 9 百分点，比 2014 年课程教学总体满意率高 1 百分点（图 4–31）。

2013 年研究生对课程教学总体满意度最高

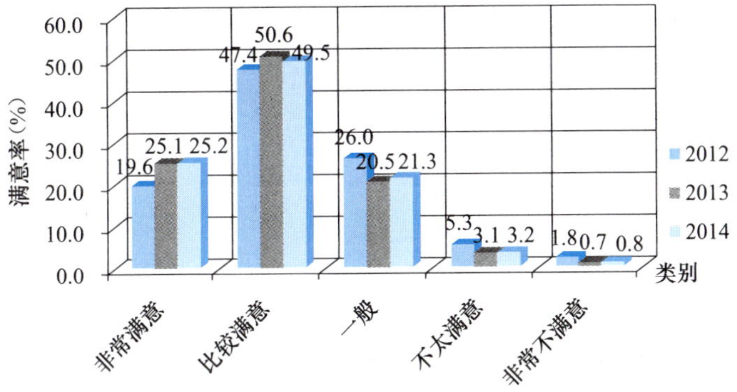

图4-31　2012—2014年研究生对课程教学满意度

（三）科研训练满意度

从 2012—2014 年间研究生对科研训练满意度的变化来看，满意率逐年上升。满意率由 2012 年度的 66.0% 提高到 2014 年的 71.0%，累计提高了 5 百分点（图 4–32）。

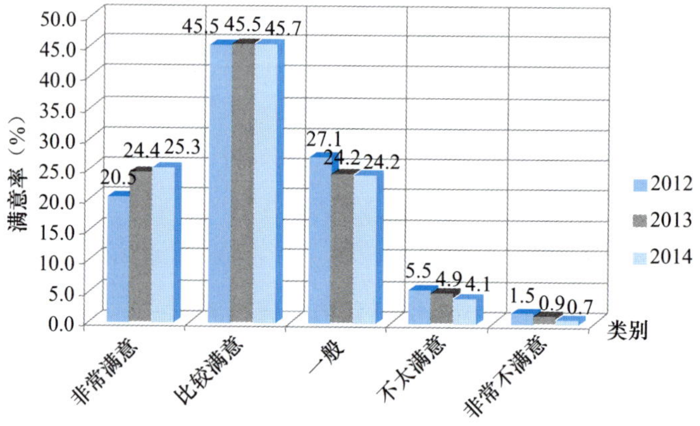

图4–32　2012—2014年研究生对科研训练满意度

（四）指导教师满意度

从 2012—2014 年间研究生对指导教师满意度的变化来看，满意率逐年上升满意率由 2012 年度的 78.6% 提高到 2014 年的 86.7%，累计提高了 8.1 百分点（图 4–33）。

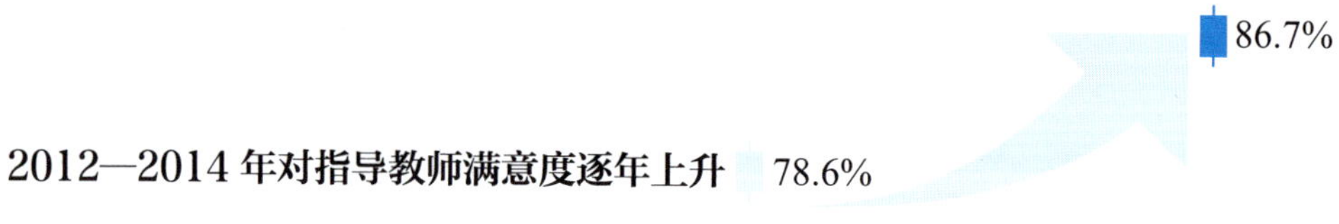

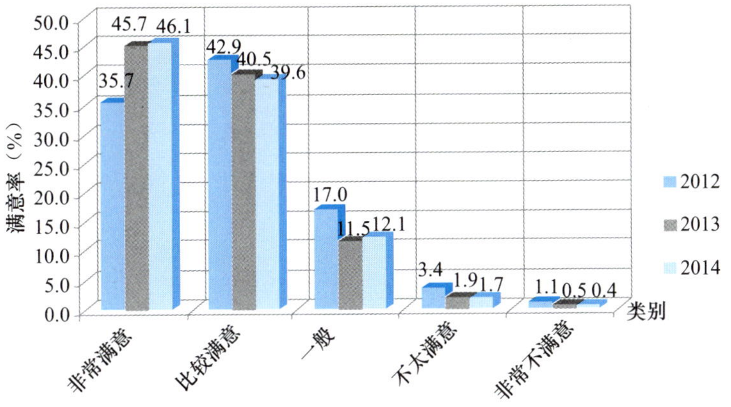

图4-33　2012—2014年研究生对指导教师满意度

（五）管理与服务满意度

在研究生对培养单位管理与服务各子项中，研究生对图书馆的满意度连续三年最高，而对食堂的满意度连续三年在各子项中都是最低的（表4-5）。

研究生对图书馆的满意度连续三年最高，
而对食堂的满意度连续三年在各子项中都是最低的

表4-5　2012—2014年研究生对管理与服务各项满意度　（%）

管理与服务项目	2012年	2013年	2014年
图书馆	66.7	71.3	71.8
“三助”岗位	47.1	56.0	55.3
奖学金	48.6	54.3	53.1
宿舍	49.3	51.1	50.0
食堂	40.7	45.7	44.1
学生管理	—	58.5	56.9
学术交流	—	55.1	54.6
就业指导服务	—	47.6	49.1

四、结果分析及建议

（一）课程教学在研究生培养中的作用未充分发挥

课程教学是研究生教育的基础环节之一。研究生通过课程学习，掌握系统的专业知识，学习科学研究的方法，了解学科前沿动态，为科学研究打下坚实的基础。调查发现，研究生课程学习并未发挥出其应有的效果，研究生对课程学习的作用评价普遍偏低，且按评价高低排序依次为：夯实知识基础（65.5%）、学习科研方法（61.7%）、了解学科前沿（60.7%）、提高学习兴趣（55.0%）、提升实践能力（50.6%）、提高创新能力（49.7%）。有理由认为，目前的研究生课程仍是沿用传统的方式、观念，较注重基础知识的传授，强调“知识本位”而忽视对实践能力、创新能力的培养，也未与学生的兴趣相结合。此外，研究生对课程体系合理性的满意度不足60%，仅为59.1%，也反映出各类课程之间比例的不合理、课程量的不平衡成为影响研究生课程教学整体作用发挥的重要因素。

针对课程教学存在的问题，提出如下建议：①选择开设前沿性强，综合化、交叉化的课程以扩大学生的知识面，增加学生对跨学科知识的了解；②加强实践性课程建设，充分利用模拟训练、现场研究等教学方式，注重对学生实际操作能力的培养，同时加强学生的学习兴趣。

（二）研究生培养过程忽视对学生就业竞争能力的培养与指导

在本次调查中，研究生对培养单位管理与服务中的各项：奖学金、三助岗位、宿舍、学生管理、学术交流机会、就业指导与服务中，满意度最低的便是就业指导与服务，满意率仅有49.1%。虽然比2013年的满意率47.6%上升了1.4百分点，但仍有超过一半的学生认为学校的就业指导与服务工作“一般”“不太满意”或“非常不满意”。一方面，学生对学校提供的就业指导与服务不满意；另一方面，学生也对研究生培养过程对提高就业能力的帮助持怀疑态度。即使对于研究生教育的重要环节——科研，也仅有55.9%的研究生认为科研训练对提升就业竞争力有帮助。就业能力的培养与指导在研究生教育中的薄弱情况可见一斑。针对此，建议如下：①培养单位在培养过程中要注重以市场为导向，在课程教学、科研训练等培养过程中致力于对研究生就业竞争力的培养；②培养单位开设形式多样的就业指导课程，讲座，创业大赛等，加强就业指导服务。

（三）进一步发挥导师在研究生培养过程中的作用

在研究生培养中，导师扮演着至关重要的角色，不仅在理论学习、科研训练上为学生指引方向，也对学生学术品质、人格养成影响颇深。在调查中，研究生评价反映了在各项素养中，导师对其治学态度和道德修养影响最大，选择影响“很大”或“较大”的比例都超过了 80%。而研究生对导师道德修养的满意度达到了 90.4%，是本次满意度调查中满意率最高的项目。此外，在导师对研究生科研能力、专业知识素质的影响上，研究生也较为认可，满意率分别达到了 76.3% 和 76.1%。这说明研究生对导师的道德品质和学术能力都持肯定态度。相较于课程学习、科研训练，导师指导是对研究生影响最大的因素，为此，在研究生培养过程中，应积极、充分发挥导师对学生的指导作用，建议如下：①提高导师指导频率。目前，还有超过 1/4 的研究生对导师指导频率表示“一般”“比较不满意”或“非常不满意”。今后应进一步提高导师指导频率，使学生于导师能进行充分的交流与互动。②培养单位选聘学术水平高，有责任心的导师，并保证导师在研究生培养方面投入充足的精力，打造德才兼备的导师队伍。

附　研究生教育满意度调查问卷

研究生教育满意度调查问卷

亲爱的同学：

您好！非常感谢您参与本次问卷调查！本调查旨在了解和掌握您对培养单位研究生教育的评价，为社会公众全面认识研究生教育发展状况，为政府教育管理部门决策提供可靠、准确的信息。请您根据真实感受和实际情况匿名填答，大约需要3分钟。

研究生教育满意度调查课题组

【填答说明】请用铅笔将“□”涂黑“■”。

性　　别：□ 男　□ 女
学　　历：□ 硕士　□ 博士
目前攻读：□ 学术学位　□ 专业学位
年　　级：□ 一年级　□ 二年级　□ 三年级　□ 四年级及以上
学科门类（专业学位研究生跳过此题）：□ 哲学　□ 经济学　□ 法学　□ 教育学　□ 文学　□ 历史学
□ 理学　□ 工学　□ 农学　□ 医学　□ 军事学　□ 管理学　□ 艺术学

题　项	非常满意	比较满意	一般	不太满意	非常不满意
1. 课程教学的总体评价	□	□	□	□	□
2. 参与科研工作的总体评价	□	□	□	□	□
3. 指导教师的总体评价	□	□	□	□	□
4. 研究生管理服务总体评价	□	□	□	□	□
5. 学校研究生教育总体评价	□	□	□	□	□
6. 课程体系合理性的评价	□	□	□	□	□
7. 课程前沿性的评价	□	□	□	□	□
8. 教师教学方法的评价	□	□	□	□	□
9. 教师教学水平的评价	□	□	□	□	□
10. 导师的学术水平	□	□	□	□	□
11. 导师的道德修养	□	□	□	□	□
12. 导师指导的频率（时间）	□	□	□	□	□
13. 导师指导的水平	□	□	□	□	□
14. 奖学金制度	□	□	□	□	□
15. “三助”岗位设置	□	□	□	□	□
16. 图书馆	□	□	□	□	□
17. 食堂	□	□	□	□	□
18. 住宿	□	□	□	□	□
19. 学生管理	□	□	□	□	□
20. 学术交流机会	□	□	□	□	□
21. 就业指导与服务	□	□	□	□	□

22. 研究生课程在以下各方面的作用：
夯实知识基础：□很大　□较大　□一般　□较小　□很小
增加学习兴趣：□很大　□较大　□一般　□较小　□很小
了解学科前沿：□很大　□较大　□一般　□较小　□很小
学习科研方法：□很大　□较大　□一般　□较小　□很小
提高创新能力：□很大　□较大　□一般　□较小　□很小
提升实践能力：□很大　□较大　□一般　□较小　□很小
23. 读研期间参加过的科研项目（课题）数量是：□ 0项　□ 1项　□ 2项　□ 3项　□ 4项及以上
24. 参加科研工作的学术含量：□ 很高　□ 较高　□ 一般　□ 较低　□ 很低
25. 参加科研工作提高以下各方面能力的作用：
创新能力：□很大　□较大　□一般　□较小　□很小
学术素养：□很大　□较大　□一般　□较小　□很小
学习能力：□很大　□较大　□一般　□较小　□很小
实践能力：□很大　□较大　□一般　□较小　□很小
就业竞争力：□很大　□较大　□一般　□较小　□很小
26. 对所获科研补贴的评价：□ 非常满意　□ 比较满意　□ 一般　□ 不太满意　□ 非常不太满意
27. 在以下几个方面，导师对你的影响程度：
学术兴趣：□很大　□较大　□一般　□较小　□很小
专业知识：□很大　□较大　□一般　□较小　□很小
科研能力：□很大　□较大　□一般　□较小　□很小
治学态度：□很大　□较大　□一般　□较小　□很小
道德修养：□很大　□较大　□一般　□较小　□很小
28. 每月薪得科研补助为：□ 0　□ 501-1000　□ 1001-2000　□ 2000以上

如您是专业学位研究生，请继续填答以下题项。

29. 您有校外导师吗？　□ 有　□ 没有（请跳过下题）
30. 您对校外导师的指导　□ 非常满意　□ 比较满意　□ 一般　□ 不太满意　□ 非常不满意
31. 您有没有进入专业实践基地？　□ 有　□ 没有（问卷填答结束）
32. 您对专业实践基地　□ 非常满意　□ 比较满意　□ 一般　□ 不太满意　□ 非常不满意

问卷调查到此结束，再次感谢您的合作！

＋　调查结束后将进行抽奖，如果您愿意，请留下常用邮箱：

第五章　关于研究生教育的国际述评

随着研究生教育的不断发展，中国研究生教育体制改革的很多重大事件也在持续进行。境外媒体和专家也对我国研究生教育的发展与改革给予了持续关注，并撰写了相关报道和评介性言论。此外，从多个领域、多个视角了解国外研究生教育的发展动态，希望为我国政府科学制定改革发展研究生教育的政策提供合理建议。

一、境外媒体评述中国研究生教育

（一）美国：中国在全球的科学与工程领域迅速崛起

在过去的十年间，中国在科学和工程领域取得了举世瞩目的进步。美国国家科学基金会（US National Science Foundation）发布的一份报告显示[①]，中国已成为继欧盟和美国之后的第三大学术论文生产地。

中国已成为继欧盟和美国之后的第三大学术论文生产地

2001—2011 年，中国学者的论文数量以年均 15% 的速度增长。2011 年我国工程领域发表的文章数量占全球总量的 17%，与美国持平，但相比之下，美国学术论文的引用率更高，影响也更大。亚利桑那州立大学（Arizona State University）的中国科研发展专家丹尼斯・西蒙（Denis Simon）在谈到这一问题时表示："在过去的二十年间，国外学者对中国工程领域学术论文的引用率有所下降。这也表明，中国新增的论文在国外的影响很有限，这些论文更多地在被中国本土的学者引用。"

在过去的二十年间，国外学者对中国工程领域学术论文的引用率有所下降

中国新增的论文在国外的影响很有限，这些论文更多地在被中国本土的学者引用

① Wachira Kigotho,（28 February 2014）"China's rapid rise in global science and engineering" University World News Issue No:309［Online］available:http://www.universityworldnews.com/article.php?story=20140227152409830（2014/5/9）.

美国依然是世界科学研究与发展的领军者，其科研成果的产出约占全世界的1/3。目前，中国的科研产出占全球约 15%，成为世界科研产出第二大国。

在过去的 20 年里，中国在科学与工程领域取得了飞速的发展。针对该领域的投资总额已经达到了国内生产总值的 1.98%，超过了欧盟的 1.97%。以色列是人均科研投入最多的国家，达到 4.4%。

科学、技术、工程和数学（STEM）四大主干学科能够为经济发展提供先进的技术支持，这些学科的发展对社会经济的发展至关重要。美国对四大学科的投入—产出率最高，2002—2012 年，全球 1% 的高频引用论文中有 48% 的论文出自于美国学者。目前，全球最具价值的专利也被公认是由美国人发明创造，而中国和印度几乎没有这样的专利发明。

尽管如此，中国在崛起和追赶发达国家过程中，也做出了不容忽视的努力。从留学生群体中可以看出，中国生源的博士留学生是美国顶尖研究型大学毕业生的重要组成部分。1991—2011 年，超过 6.3 万名中国学生获取了美国顶尖研究型大学的科学与工程领域相关专业博士学位，占总体的 27%。[1]

（二）英国：中国领跑金砖国家和新兴经济体大学排名百强[2]

《泰晤士报高等教育》（Times Higher Education, THE）最新发布的 2014 年金砖国家和新兴经济体大学排名（BRICS & Emerging Economies Rankings 2014）中，中国大陆以 23 所高校入围百强名单位列首位，台湾地区以 21 所高校入围位列第二。其中，北京大学和清华大学分列第一和第二，排在第三位的是开普敦大学（the University of Cape Town）。

中国大陆以 23 所高校入围百强名单位列首位，
台湾地区以 21 所高校入围位列第二

《泰晤士报高等教育》认为金砖五国（巴西、俄罗斯、印度、中国和南非）不足以代表整个新兴经济体的情况，于是将排名的覆盖范围扩展为英国富时指数（FTSE index）评选出的全球共 22 个新兴经济体。在此次百强名单中，印度有 10

① 2014 年出国留学趋势报告［EB/OL］. http://www.eol.cn/html/lx/2014baogao/content.html（2014/5/9）.

② “BRICS & Emerging Economies Rankings 2014”（2014）［Online］Available: http://www.timeshighereducation.co.uk/world-university-rankings/2014/brics-and-emerging-economies（2014/5/11）.

所高校入围，土耳其有 7 所，南非和泰国各 5 所，巴西和波兰各 4 所。哥伦比亚、波兰、泰国和捷克共和国各有高校排名在榜单前 50。百强名单中还包括智利、墨西哥、埃及、摩洛哥、阿联酋、马来西亚和匈牙利的高校。排名所覆盖的 22 个国家中，印度尼西亚、巴基斯坦、秘鲁和菲律宾未有高校上榜。

此次排名与 2013—2014 年泰晤士高等教育世界大学排名的标准一致，囊括 5 个领域（教学、科研、知识传播、国际前景以及一项涉及 10 000 名学者和 50 000 000 项学术期刊引文的声誉调查）共 13 个指标。排名数据由汤森路透（Thomson Reuters）的“全球研究机构概况项目”（Global Institutional Profiles Project）提供。

（三）英国：中国学生流动状况与贸易流通量之间存在一定关系[①]

2013 年 9 月，英国文化委员会（British Council）发布了题为《展望未来：全球高等教育发展趋势与未来十年高等教育的发展机遇》的报告。报告指出，各国政府越来越清晰地认识到了教育在推动国家经济和社会的发展上所发挥的重要作用。随着日益激烈的外部环境竞争，各国政府必须不断改善本国的教育质量保障体系，促进其与国际接轨。教学与科研的国际化已经成为大多数高校的重要奋斗目标。该报告详细分析了正在改变全球高等教育面貌的流行趋势，并深入探讨了未来十年全球高等教育的发展方向。报告详细分析了未来十年里，人口因素与经济因素作为高等教育发展的驱动力，将对高等教育的发展产生深刻影响。此外，报告还对最有潜力成为新兴留学目的地、未来教育事业发展最为迅速以及在教学与科研的国际合作上最为开放的国家和地区进行了预测。

研究发现国内生产总值与高等教育入学率之间存在着一定的关系。这一关系在人均国内生产总值低于 1 万美元的新兴经济体表现得尤其显著

报告还关注到，研究发现国内生产总值与高等教育入学率之间存在着一定的关系。这一关系在人均国内生产总值低于 1 万美元的新兴经济体表现得尤其显著。

① 英国文化委员会. 高等教育国际化［R/OL］.（September 2013）［Online］Available:http://ihe.britishcouncil.org/educationintelligence/shape-of-things-to-come（2014/5/13）.

在这些国家，人均国内生产总值的些许增长都会促进高等教育入学率的显著上升。此外，某些国家的学生流动状况与贸易流通量之间也存在一定关系，例如在加拿大、日本、中国、韩国以及印度，这两者之间的相关性都超过了 70%。另外，研究基地的建设对国家教育体系与国际接轨的影响也越来越大。研究发现，一个国家科研影响力的 80% 由其科研合作率决定。2010 年与 2011 年的诺贝尔奖获得者中，60% 都曾有过海外学习或研究的经历。

某些国家的学生流动状况与贸易流通量之间也存在一定关系，例如在加拿大、日本、中国、韩国以及印度，这两者之间的相关性都超过了 70%

报告还对新兴经济体国家的角色进行了特别分析。这些国家不仅在世界贸易市场上扮演着日益重要的角色，也越来越多地受到了留学生的青睐，成为新兴的留学目的地。此外，这些国家的科研产出、国际科研合作以及国际专利数量的增长也非常显著。

（四）美国：中国成为受美国留学生欢迎的五大留学目的地国之一[①]

2014 年美国高校预计将招录约 90 万名留学生。与十年前相比，美国大学招录的留学生人数增长了 40% 以上。不过，与美国本土多达 2100 万名的大学生相比，留学生人数只占美国大学生总数的不到 4%。

2013 年中国的留美学生人数增加了 21%，

作为世界上最大的留学生生源国，中国留学生蝉联美国留学生生源榜“榜首”。根据英国《大学世界新闻》（University World News）2013 年 11 月的一篇报道，随着中国中产阶级队伍的迅速扩大，年轻人对美国高校学位的渴望也变得越来越热切，2013 年中国的留美学生人数增加了 21%，达 23.56 万，占全世界

① UWN journalists,（31 January 2014）“Record number of foreign students to enrol in 2014” University World News Issue No:305［Online］Available: http://www.universityworldnews.com/article. php?story=20140129164029 22（2014/5/9）.

留美学生总数的 29%。沙特阿拉伯以 4.46 万名留美学生成为美国的第四大留学生生源国，印度和韩国分别以 9.7 万和 7.06 万名留美学生位列第二和第三。但与 2013 年相比，美国高校招收的印度和韩国的留学生数分别下降了 3.5% 和 2.3%。

中国留美学生数占全世界留美学生总数的 29%

另一方面，美国本土学生对于出国留学的热情似乎并不高。2013 年，少于 28.5 万名美国学生出国修读学分课程，其人数还不到留美学生数的 1/3。美国留学生最青睐的五大留学目的国依次是英国、意大利、西班牙、法国和中国，位于前十名的国家还包括德国、澳大利亚、哥斯达黎加、爱尔兰和日本。事实上，越来越多的美国留学生选择了前往中国和拉丁美洲深造。国际知名高等教育学者拉胡尔•周大涵（Rahul Choudaha）博士指出学生流动是一个非常复杂的现象，未来留学生的流向将受到院校方、学生本身以及外部环境等多方面因素的影响。

美国留学生最青睐的五大留学目的国依次是：英国、意大利、西班牙、法国、中国

（五）加拿大：中国能否扭转“人才外流”局面？①

加拿大约克大学学者指出：中国政府在过去的十年中欲强势扭转人才外流趋势。继“千人计划”（Thousand Talents Program）、“青年千人计划”（Thousand Young Talents Program）和“外专千人计划”（Thousand Foreign Talents Program）后，中国政府启动“万人计划”（Ten Thousand Talents Program），面向国内高层次创新型人才，在未来十年内遴选支持一万名自然科学、工程技术和社会科学领域的杰出学者，包括 100 名具有“冲击诺贝尔奖”实力的杰出人才。

① Qiang Zha（28 March 2014）“Can China reverse the brain drain?” University World News Issue No:313[Online] Available:http://www.universityworldnews.com/article.php?story=20140326132305490（2014/5/15）.

然而，实际上以往的“千人计划”并未取得预想的成效。海外高层次人才归国数量较低，其中取得博士、硕士及本科学位的人才比例为 1∶8∶1。[①] 统计数据显示，超过 150 万名中国学者及学生仍然在国外。

吸引中国高层次人才回国的原因可能是身处海外，他们觉得只有人力资本，即通过教育和培训而获得的技术与知识，能够得到他人的重视；而相比之下，文化资本与社会资本在海外很难有施展余地。但是，在中国国内，海归们虽然在文化资本具有优势，但是社会资本方面亦处于不利地位。海外人才常年身居国外，在社会资本方面往往处于劣势地位，这也为其归国发展带来不少阻力。

随着近年来中国在经济上取得的巨大成就，中国特色社会资本与文化资本越来越凸显。在这样的背景下，那些颇具中国特色的政策与实践不可能轻易受到海外归国人员思想的影响。

简而言之，中国如果不改变已有的科研体制和文化，人才支持计划，诸如“千人计划”和“万人计划”，将很难达到其预想的目标。除此之外，现有的科研体制和文化也或将削弱中国吸引和保留高层次人才的能力。

（六）美国：中国政府借助智库推动制定高等教育相关政策

中国教育部发布了一项计划，欲提高大学在政府制定决策的过程中所发挥的作用，计划建立基于大学的研究中心和智囊团，为政策制定者献计献策。这意味着，依托于大学的研究部门，尤其是社会科学领域的研究部门，将更加注重应用研究，以满足政府的决策需求。这项计划的目的是提升中国智库（Think-Tanks）的整体研究水平，力求和国外的咨询公司和智库相抗衡。

中国政府对附属于某些大学的智库投资，增加了两倍甚至三倍

美国宾夕法尼亚大学（University of Pennsylvania）“智库与公民社会项目”（Think Tanks and Civil Societies Program）负责人詹姆斯•麦甘（James McGann）表示，目前，中国政府对附属于某些大学的智库投资，增加了两倍甚至三倍。[②]

① 中国千人计划，http://www.1000plan.org/（2014/5/14）.

② 宾夕法尼亚大学，http://www.upenn.edu/（2014/5/15）.

与此同时，不少智库对国际事务的参与度也正在不断加深。在过去的三年里，无论是对资金亦或是人力的投入，中国的智库发展都引起了人们的广泛的兴趣和关注。据悉，2013 年，中国智库取得了飞速发展。

中国国家主席习近平在 2013 年 4 月提出，要建立“具有中国特色的新型智库”。在同年 11 月份举办的一个党务会议上，习近平再次强调了建立新型智库作为一项“国家战略”的重要性。

二、国外研究生教育动态

（一）全球研究生教育发展趋势

1. 研究生教育发展良好

经济合作与发展组织（Organization for Economic Cooperation and Development）于 2013 年 6 月 25 日发布了《2013 教育概览》（Education at a Glance）报告。该报告指出在全球经济发展低迷时期，接受高等教育的人群与早年辍学人群的收入存在巨大差异，教育价值在经济危机时期尤为凸显。[①]报告针对教育水平与就业率之间的关系提出了一些新的评价指标，具体包括：进入和完成高等教育的人数、高等教育投入与学费、学生国际流动等。

在全球经济发展低迷时期，接受高等教育的人群与早年辍学人群的收入存在巨大差异，教育价值在经济危机时期尤为凸显

此次报告在研究生教育发展方面做出了如下评估与分析：2000 年在 OECD 国家中，仅有平均 0.1% 的人口学历为博士，而到 2011 年，该数据已上升至 1.6%。研究生教育人口比例在丹麦、爱尔兰、新西兰、斯洛伐克和英国都有显著的增长，十年间增幅都在 1% 以上。中国的研究生教育人口比例十年间增幅达 2.2%，这一数据高出 OECD 国家的平均增幅。报告还指出，国际留学生对于

中国的研究生教育人口比例十年间增幅达 2.2%，这一数据高出 OECD 国家的平均增幅

① （29 June 2013）“International students boost graduation rates” Issue No:278［Online］University World News Available:http://www.universityworldnews.com/article.php?story=20130627215621428（2014/5/9）.

OECD 各国研究生教育的贡献突出。许多国家都采取措施吸引国际学生攻读博士学位。芬兰、德国、瑞典和瑞士等国的研究生产出量很大部分依赖于国际学生；如果排除国际学生的数量，芬兰的研究生培养数量将下降 0.3 百分点，瑞士的研究生培养数量将要下降 1.6 百分点。

在研究生教育发展良好的大背景下，女性接受研究生教育的比例却仍低于男性（女性 1.5%、男性 1.7%）。但在芬兰、以色列、意大利、波兰、美国等国家，女性研究生毕业人数预计将超过男性数量。总体而言，女性研究生比例在过去的十年内由 54% 增至 58%，取得了不错的进步，但在工程、制造和土木等专业上其增长速度仍较为缓慢。女性研究生在教育、健康医疗和社会服务等专业上仍然占有更大比例。

女性接受研究生教育的比例却仍低于男性

2. 国际留学生失衡现象解读

经济合作与发展组织（OECD）统计数据显示[①]，在过去的十年间，全球留学生人数始终保持着高速的增长：2011 年全球有 430 万名留学生出国接受高等教育，是 2000 年的两倍多。美国、英国、德国、法国、澳大利亚和加拿大等热门的留学目的国招收了 200 多万名留学生。与此同时，中国、马来西亚和沙特阿拉伯等新兴的留学目的国正日益吸引世界留学生的注意。很多热门留学目的国正越来越多的输出优秀学生出国深造。最近，加拿大、英国和澳大利亚等国在国际教育发展策略中呼吁，要提倡本国学生出国留学。

加拿大、英国和澳大利亚等国在国际教育发展策略中呼吁，要提倡本国学生出国留学

欧洲范围内，“博洛尼亚进程”（Bologna Process）、“伊拉斯姆斯”（Erasmus）

① Julia Kent（OCTOBER 2, 2013）“University Leaders Issue Statement on the Role of Technology in Postgraduate Education and Research” Council of Postgraduate Schools［Online］Available:http://www.cgsnet.org/university-leaders-issue-statement-role-technology-Postgraduate-education-and-research（2014/5/9）.

及其他的欧盟项目都倡导学生的“流动平衡”（Balanced Mobility），即国家间学生的流出、流入比例大致均等。这对于诸如英国这样打算吸引更多留学生流入的国家来说是个不小的挑战。2011 年，在英国接收高等教育的留学生数量约为 42 万名，而英国本土却只有 2.2 万名大学生出国留学。①

欧洲倡导学生的“流动平衡”

虽然政策的因素在很大程度上影响着留学生的失衡现象，但是，另一方面，留学生数量的统计不仅是个难题而且对失衡现象有直接影响。造成这一难题的原因主要在于，世界各国对留学生的定义不统一，而且数据统计方法也存在差异，再加上各国的教育体系千差百异，最后获得的留学生数据往往不能直接进行比较。联合国教科文组织统计研究所（UNESCO Institute for Statistics, UIS）也承认，各个留学目的国所上报的数据在留学生定义与覆盖面上均存在不同，这就导致了不同机构统计的留学生数据有时会存在很大差异。例如，国际教育协会（International Institute for Education, IIE）统计数据显示，2011 年美国大约有 28.3 万名出国留学生，而 UIS 统计的数字却是 5.7 万。②

放眼未来，全球留学生人数的统计工作只会变得更加复杂。一些设立跨国教育模式的院校（例如海外分校）也将当地学生纳入留学生人数统计中。另外，越来越多的学生通过网络接受了国外在线教育课程（Massive Online Open Courses, MOOCs），这些均使留学生人数的统计工作变得更加复杂。

（二）科技在研究生教育中的应用

2013 年 10 月 2 日，第七次全球研究生教育年度峰会（the Seventh Annual Global Summit on Postgraduate Education）于匈牙利首都布达佩斯举行，来自全球 14 个国家的大学研究生院领导人发表了《研究生教育与科技》（*Postgraduate Education and the Promises of Technology*）的主题声明，就科技在研究生教育和

① 英国教育部，[Online] http://www.education.gov.uk/government/organisations/department-for-education/（2014/5/9）.

② 国际教育协会，http://www.aie-aie.org/en/（2014/5/11）.

科研中的用途达成了一致意见。[①] 此次峰会由美国研究生院理事会（CGS），中欧大学（CEU）和匈牙利科学院（MTA）共同主办，旨在促进国际范围内硕士和博士教育的实践和发展。

科技在研究生教育和科研中的用途

技术型工具在研究生教育非课程领域中所发挥的作用

科技在促进研究生教育和科研工作中发挥着日益重要的作用，此次峰会中讨论了很多当前的热点话题，例如在线学位课程以及大规模开放网络课程。虽然网络和科技的运用是一把双刃剑，但与会者一致认为，为保证研究生学习质量及课程难易程度，研究生院有必要增加对研究生教育科技设施的投入。此次峰会议题还涉及技术型工具在研究生教育非课程领域中所发挥的作用，包括研究生招生、学生学业进度和完成情况，师生间交流与合作等。

与会者建议，研究生院在研究生教育和科研工作中采用技术型工具时要遵循以下原则：确保所采用的技术能够促进具体的学术或管理目标的达成；增强社交媒体、网络广播以及其他技术在吸引学生参与研究生教育各项活动中的作用；增强技术发展在追踪学生学习进度、学业完成情况、职业生涯及研究成果等方面的影响；通过有效的科技手段使学生快速了解最新的科研项目进展状况。

（三）加强研究生教育国际合作

南非国家研究基金会（South Africa's National Research Foundation）和卡内基基金会（Carnegie Corporation of New York）于 2013 年 10 月 28 日在约翰内斯堡联合举办了题为“如何扩大撒哈拉沙漠以南非洲国家博士培养力度、增强博士培养质量”（Expanding and Sustaining Excellence in Doctoral Programs in Sub-Saharan Africa: what needs to be done?）的教育研讨会。[②] 南非高等教育部（South Africa's

① Julia Kent（OCTOBER 2, 2013）“*University Leaders Issue Statement on the Role of Technology inPostgraduate Education and Research*” Council of Postgraduate Schools［Online］Available:http://www.cgsnet.org/university-leaders-issue-statement-role-technology-Postgraduate-education-and-research（2014/5/10）.

②（29 June 2013）“*International students boost graduation rates*” University World News Issue No:278 [Online] Available: http://www.universityworldnews.com/article.php?story=20130627215621428（2014/5/10）.

Council on Higher Education）前执行主席、南非比勒陀利亚大学（University of Pretoria）副校长谢丽尔·雷（Cheryl de laRay）教授在会上指出，南非乃至整个非洲的博士教育质量都亟需提高。①

南非乃至整个非洲的博士教育质量都亟需提高

此次教育研讨会还讨论了未来非洲高等教育，特别是博士教育的资助与科研合作等议题。荷兰马斯特里赫特大学的两位学者在其2010年的著作《非洲高等教育与全球化：机遇与挑战并存》（*Higher Education and Globalization Challenges, threats and opportunities for Africa*）中就指出，非洲未来高等教育发展应考虑全球化的知识体系与非洲本土化的现实需要之间的关系。至于如何协调好全球化与本土化两方面的发展，则应全面考虑非洲各地区的高等教育实际情况，同时努力寻求国际合作与发展。

在意识到高等教育对国家发展的重要性后，非洲很多国家都想极力提高本国研究生，尤其是博士生的培养数量和质量。但是，经济因素仍是制约非洲地区研究生教育发展的一大障碍。近年来，除了英国、法国、德国、加拿大等传统上一直给予非洲较多资助的资本主义国家外，一些新兴的国家也开始增加对非洲教育事业的资助：中国已经在基础设施建设、奖学金资助方面提供了很多的帮助，印度也针对性地在土地研究领域提供了300多个奖学金项目②。德国学术交流总署（German Academic Exchange Service, DAAD）也一直致力于提高非洲的科研水平。该机构常年资助非洲学生的博士教育，与非洲许多国家的政府设立联合奖学金项目。如今，该机构正在更系统性地规划针对非洲的资助计划，预计未来很有可能加大在研究生教育上的投入力度。

---

① SAPA（October 23 2013 at 05:19pm）"*Universities to get equity index*" IOL News [Online]Available:http://www.iol.co.za/news/politics/universities-to-get-equity-index-1.1596548#.UoDmW7JfFj1（2014/5/13）.

② PTI（Aug 26, 2013, 07.28PM）"*Less than one per cent students opt for research oriented courses*" The Times of India IST [Online]Available: http://articles.timesofindia.indiatimes.com/2013-08-26/news/41453974_1_research-task-force-courses（2014/5/10）.

附录一 2013年中国学位与研究生教育质量要事志

1月1日

教育部第34号令《学位论文作假行为处理办法》开始施行。针对学位授予工作中出现的一些抄袭、剽窃他人学术成果、买卖学位论文、弄虚作假骗取学位等问题和现象，为维护我国学位的形象，惩治学术不端行为，树立良好学风，教育部印发了教育部第34号令《学位论文作假行为处理办法》，加大了对出现论文买卖等弄虚作假行为的学位申请者的处罚力度。

《学位论文作假行为处理办法》开始施行

1月10日

全国专业学位研究生教育指导委员会秘书长联席会议在广州召开，各专业学位研究生教育指导委员会秘书长及秘书处办公室主任参加了会议。与会人员总结交流了2012年专业学位研究生教育工作；研讨加强专业学位研究生教育案例教学和案例库建设事宜，部署了专业学位研究生教育综合改革试点验收工作；研讨了专业学位授权点评估办法（教学合格评估）事宜，部署了专业学位各类别《博士、硕士学位基本要求》编写工作；研讨了加强各专业学位研究生教育指导委员会建设事宜。

53所大学的135个学科通过了评审

1月22日

国务院学位委员会办公室通报了立项建设博士学位授予单位拟授权学科的评审结果，共有53所大学的135个学科通过了评审，佳木斯大学的临床医学和云南民族大学的应用经济学未通过评审。

1月30日

国务院学位委员会发出通知，就做好服务国家特殊需求博士人才培养项目实施工作提出明确要求。通知指出，服务国家特殊需求博士人才培养项目实施过程中，必须始终坚持以服务国家特殊需求为工作目标；务必落实各项投入计划和支持政策，为项目实施提供有力条件保障；建立部门、行业共同参与的管理、指导和评估机制，人才培养指导委员会中来自部门和行业领域的专家人数应不少于委员会总人数的1/2，并应由来自部门或行业领域的专家担任委员会副主任委员或主任委员；根据特殊的人才培养需求创新培养模式，建立适应人才培养项目需要、有利于实现项目目标的评价制度；建立健全制度，严格规范管理；根据需求变化和项目实施效果，对项目实行动态管理。服务国家特殊需求博士人才培养项目的实施以5年为期，根据项目评估和检查情况实行动态管理。

3月5日

教育部办公厅下发通知，要求各部门和各单位结合本单位实际情况，制订《学位论文作假行为处理办法》的实施细则，细化表述学位论文作假行为，明确指导教师的职责，落实学位论文作假行为的调查和处理机构，规范调查和处理程序，做好《学位论文作假行为处理办法》的实施工作。

教育部学位管理与研究生教育司下发通知，要求有关高等学校、专业学位研究生教育指导委员会做好专业学位研究生教育综合改革试点验收工作。之后，各个专业学位研究生教育指导委员会陆续开展了专业学位研究生教育综合改革试点项目的验收工作，试点项目成果通过不同的方式进行了宣传和推广。

《关于深化研究生教育改革的意见》

3月29日

教育部、国家发展改革委、财政部联合发布了《关于深化研究生教育改革的意见》。该文件对深化研究生教育改革的指导思想和总体要求进行了说明，同时提出了改革招生选拔制度、创新人才培养模式、健全导师责权机制、改革评价监督机制、深化开放合作、强化政策和条件保障、加强组织领导等各个方面的要求。

4 月 1 日

教育部学位管理与研究生教育司发文决定设立专业学位研究生教育指导委员会建设项目，主要用于支持该委员会开展专业学位研究生教育领域具有共性的专项工作和建设项目，以推动各培养单位专业学位研究生质量的提升。项目周期一般为 1 年，教育部以定额补助方式对项目予以资助。

4 月 15 日

教育部学位管理与研究生教育司下发通知，部署 2013 年全国优秀博士学位论文的评选工作。自 2013 年起，全国优秀博士学位论文评选分为“基础研究类”和“应用基础研究类”两类。“基础研究类”论文，突出原始创新，激励博士生在本学科前沿从事基础研究；“应用基础研究类”论文，突出服务需求，激励博士生从国家、区域或行业重大需求中，提炼具有重要学术价值的科学问题开展研究。参加本次评选的博士学位论文，主要为 2010 年 9 月 1 日至 2011 年 8 月 31 日在国内学位授予单位获得博士学位者的学位论文。通知中还规定了 2013 年全国优秀博士学位论文评选的初选名额。

全国优秀博士学位论文评选分“基础研究类”和“应用基础研究类”两类

4 月 26 日

教育部发文批准湘潭大学马克思主义中国化研究学科为国家重点（培育）学科。

第一批开展临床医学硕士专业学位研究生培养模式改革试点工作的 64 所高校获批

5 月 6 日

教育部、国家卫生和计划生育委员会批准了第一批开展临床医学硕士专业学位研究生培养模式改革试点工作的 64 所高校。这些高校是北京大学、北京协和医学院、首都医科大学、南开大学、天津医科大学、河北联合大学、河北医科大学、中国医科大学、辽宁医学院、大连医科大学、吉林大学、延边大学、北华大学、佳木斯大学、哈尔滨医科大学、复旦大学、同济大学、上海交通大学、南京大学、苏州大学、东南大学、江苏大学、南通大学、南京医科大学、徐州医学院、浙江大学、温州医学院、蚌埠医学院、皖南医学院、福建医科大学、南昌大学、山东大学、泰山医学院、滨州医学院、郑州大学、河南科技大学、新乡医学院、武汉大学、华中科技大学、中南大学、南华大学、中山大学、暨南大学、汕头大学、广西医科大学、安徽医科大学、四川大学、重庆医科大学、泸州医学院、贵阳医学院、遵义医学院、昆明医科大学、大理学院、西安交通大学、延安大学、宁夏医科大学、新疆医科大学、青岛大学、扬州大学、南方医科大学、第二军医大学、第三军医大学、第四军医大学、西安医学院。

对出现问题的 15 个招生单位提出通报批评

5 月 15 日

国务院学位委员会办公室向有关单位反馈了 2011 年在职人员攻读硕士学位录取考生报考资格的抽查结果和处理意见。对学历、学位证书审核为“不属实”的考生，要求招生单位予以清退。对于资格审查不严、出现问题的 15 个招生单位提出通报批评：武汉理工大学、西北工业大学、后勤工程学院、北京交通大学、天津理工大学、内蒙古民族大学、合肥工业大学、河南大学、长沙理工大学存在学历或学位不属实情况；西北农林科技大学存在学历不符合条件情况；武汉工程大学、北京大学、东北财经大学、哈尔滨理工大学、合肥工业大学、武汉理工大学、云南师范大学存在未按要求提交认证材料的考生。上述 15 个单位将作为 2012 年资格抽查工作的必查单位。暂停武汉理工大学公共管理硕士以及安全工程、项目管理、矿业工程、工业设计工程、车辆工程、软件工程、建筑与土木工程和控制工程等 8 个工程领域 2013 年在职攻读招生资格，整改期为 1 年。

5 月 17 日

国务院学位委员会办公室公布了 2012 年在职人员攻读硕士学位录取结果的排序情况。根据在职人员攻读硕士学位的不同类别按照相应的方法得出了这个排序结果。中南民族大学、新疆大学、贵州师范大学、广州体育学院、军事医学科学院、安徽财经大学、兰州商学院、吉林大学、暨南大学、中国艺术研究院、武汉理工大学的一些专业学位类别由于2011—2012年连续2年总分平均分排序均靠后而被通报批评；桂林理工大学（测绘工程）、东北林业大学（物流工程）、中国林业科学研究院、中国地质大学（北京）、云南大学的一些专业学位类别（工程领域）由于2010—2012年连续3年总分平均分排序均靠后而被要求2013年停止招生。

部分军队院校的学位授权学科被撤销

5月30日

国务院学位委员会批复同意中国人民解放军学位委员会撤销部分院校有关学位授权学科的申请。被撤销的学位授权学科为：南京陆军指挥学院国防经济二级学科、西安通信学院计算机应用技术二级学科、防空兵学院计算机科学与技术一级学科、军事经济学院管理科学与工程一级学科。这些硕士学位授权学科不再招收硕士研究生，待本学科在学硕士研究生毕业后，其硕士学位授予权即予终止。

6月21日

国务院学位委员会批复同意中山大学新增“核能与核技术工程”领域工程硕士专业学位授权点。

6月28日

国务院学位委员会办公室下达了高等院校翻译硕士教学合格评估的结果。此次评估是全国翻译专业学位研究生教育指导委员会受托组织的，参评的上海外国语大学、广东外语外贸大学、南京大学、北京大学、北京外国语大学、湖南师范大学、西南大学、中南大学、解放军外国语学院、南开大学、同济大学、上海交通大学、厦门大学、中山大学、复旦大学等15所高等院校均通过翻译硕士教学合格评估。

15所高等院校均通过翻译硕士教学合格评估

7月10—11日

全国研究生教育工作会议暨国务院学位委员会第三十次会议在京召开，会议的主要内容有：①教育部、国家发展改革委、财政部负责同志发言；②国务院副总理、国务院学位委员会主任委员刘延东同志作重要讲话；③审议国务院学位委员会秘书长杜占元同志所作的《关于第二十九次会议以来开展的主要工作和 2013 年度工作重点》报告；④审批《国务院学位委员会议事规则（修订稿）》；⑤审议《关于加强学位与研究生教育质量保证和监督体系建设的意见（送审稿）》；⑥审批《关于“军制学”一级学科更名为“军事管理学”的论证报告》；⑦审批《关于立项建设博士、硕士学位授予单位及其授权学科审核情况的报告》；⑧审议《关于开展博士、硕士学位授权学科和专业学位授权类别动态调整试点工作的意见》；⑨审议《国务院学位委员会 2013 年工作要点》。

2008—2015 年立项建设博士、硕士学位名单公布

7 月 19 日

国务院学位委员会下达了 2008—2015 年立项建设博士、硕士学位授予单位及其授权学科的名单。其中，博士学位授予单位有：天津理工大学、天津体育学院、河北联合大学、石家庄铁道大学、内蒙古科技大学、大连工业大学、沈阳建筑大学、东北电力大学、长春工业大学、佳木斯大学、南通大学、徐州医学院、杭州电子科技大学、浙江师范大学、安徽工业大学、安徽中医药大学、集美大学、华东交通大学、景德镇陶瓷学院、江西中医学院、济南大学、山东理工大学、山东财经大学、华北水利电力大学、河南科技大学、河南中医学院、武汉工程大学、三峡大学、湖南科技大学、广东海洋大学、广东医学院、桂林电子科技大学、桂林理工大学、广西民族大学、海南师范大学、重庆邮电大学、四川外语学院、西南科技大学、成都体育学院、贵州师范大学、西南林业大学、云南财经大学、云南民族大学、西藏大学、西安工业大学、西安外国语学院、甘肃中医学院、青海师范大学、宁夏医科大学、新疆师范大学、军事交通学院、南京炮兵学院、武警工程大学共 53 所高校。硕士学位授予单位有河北建筑工程学院、太原师范学院、沈阳医学院、吉林化工学院、长春大学、牡丹江医学院、南京审计学院、淮海工学院、绍兴文理学院、浙江科技学院、阜阳师范学院、福建工程学院、赣南医学院、山东工商学院、郑州航空工业管理学院、湖北汽车工业学院、湖北医药学院、湖南理工学院、湖南商学院、佛山科学技术学院、右江民族医学院、海南医学院、重庆三峡学院、宝鸡文理学院、新疆艺术学院、陆军航空兵学

院、解放军艺术学院、石家庄机械化步兵学院、武警指挥学院、武警后勤学院共30所高校。

7月26日

国务院学位委员会办公室下达了高等院校公共管理硕士教学合格评估结果。此次评估是全国公共管理专业学位研究生教育指导委员会受托组织开展的，共有36所高等院校参评，35所高校通过了公共管理硕士教学合格评估。其中，中国政法大学、大连理工大学、上海财经大学、中南财经政法大学、海南大学、西北师范大学6所高校评估等级为A；北京理工大学、中央财经大学、中央民族大学、天津师范大学、山西财经大学、辽宁大学、大连海事大学、东北师范大学、燕山大学、东南大学、中国矿业大学、浙江师范大学、福建师范大学、江西财经大学、山东师范大学、河南大学、湖北大学、湖南师范大学、暨南大学、华南师范大学、西南财经大学、西北工业大学、青岛大学、扬州大学24所院校评估等级为B；河北大学、华东理工大学、中国海洋大学、广西大学、贵州大学5所院校评估等级为C。中国矿业大学（北京）未参加此次评估，而参评的武汉理工大学因正处于整改期不予下达评估结果，待其整改结束后纳入下次评估。

35所高校通过了公共管理硕士教学合格评估

8月9日

国务院学位委员会批复同意武警工程大学军事后勤学、应用经济学的硕士学位授予权转由武警后勤学院行使。

国务院学位委员会批准重庆大学、哈尔滨工业大学、西安建筑科技大学、华南理工大学、昆明理工大学、内蒙古工业大学、河北工业大学、中央美术学院、北方工业大学9所高等学校继续开展建筑学学士或硕士专业学位授予工作；批准西北大学继续开展城市规划硕士专业学位授予工作；新增内蒙古工业大学开展建筑学硕士专业学位授予工作；新增南昌大学开展建筑学学士专业学位授予工作；新增南京工业大学、中南大学、深圳大学、北京建筑大学4所高等学校开展城市规划硕士专业学位授予工作。

8月15日

国务院学位委员会办公室发文请北京市、上海市、江苏省、广东省、云南省学位委员会受理和审批国家开放大学以及北京市、上海市、江苏省、广东省和云南省 5 所地方开放大学的学士学位授权工作。

受理和审批 5 所地方开放大学的学士学位授权

9 月 9 日

教育部、财政部“985 工程”办公室下发通知，部署“985 工程”（2010—2013 年）阶段检查工作。通知中对阶段检查工作的总体要求、基本原则、组织实施、检查结果的使用和具体的时间安排进行了说明。

9 月 11 日

国务院学位委员会办公室向有关单位反馈了 2012 年开展的对 2010—2011 学年度全国博士学位论文抽检通讯评议的结果，同时反馈了专家对论文的评议意见。

9 月 22 日

国务院学位委员会批复同意中国工程物理研究院将所属的应用电子学研究所、流体物理研究所、核物理与化学研究所、电子工程研究所、北京应用物理与计算数学研究所、四川材料与工艺研究所、化工材料研究所、四川计算应用研究所 8 个单位原有的博士、硕士学位授权学科全部划转到中国工程物理研究院，划转后，上述 8 个单位原有的博士、硕士学位授权终止。

国务院学位委员会批复同意中国煤炭科工集团有限公司将所属的煤炭科学研究总院（重庆分院）、煤炭科学研究总院（上海分院）、煤炭科学研究总院（抚顺分院）、煤炭科学研究总院（西安分院）、煤炭科学研究总院（唐山分院）、煤炭科学研究总院（北京建井所）、煤炭科学研究总院（北京煤化所）、煤炭科学研究总院（北京开采所）8 个博士、硕士学位授予单位的博士、硕士学位授权学科全部划转到煤炭科学研究总院，划转后上述 8 个单位原有的博士学位、硕士学位授权终止。

9 月 30 日

国务院学位委员会、教育部、国家发展改革委联合下发文件，就进一步加强在职人员攻读硕士专业学位和授予具有研究生毕业同等学力人员硕士、博士学位管理工作提出意见。主要内容有：①加强规范管理，推动在职人员攻读硕士专业学位和授予同等学力人员硕士、博士学位工作健康发展。②端正办学思想，切实保证在职人员培养和学位授予质量。③强化单位责任，确保管理科学规范。④加强政府监管，加大对违规行为处理力度。⑤完善信息服务，加强信息公开和社会监督。⑥加强组织领导，确保各项管理措施落到实处。

教育部、财政部“985 工程”办公室下发通知，决定在完成校内阶段检查的基础上，对学校“985 工程”（2010—2013 年）建设情况进行评审。通知中对评审组织工作、评审依据、评审重点、评审程序和要求、评审意见及其他工作加以说明。参加此次评审的高校分为 6 组，共 39 所学校，它们是：北京大学、中国人民大学、南开大学、天津大学、大连理工大学、东北大学、吉林大学、清华大学、北京师范大学、中国农业大学、复旦大学、同济大学、上海交通大学、华东师范大学、南京大学、东南大学、中山大学、中国海洋大学、山东大学、中国科学技术大学、华南理工大学、浙江大学、华中科技大学、武汉大学、厦门大学、中南大学、湖南大学、中央民族大学、电子科技大学、重庆大学、四川大学、西安交通大学、西北农林科技大学、兰州大学、哈尔滨工业大学、北京理工大学、北京航空航天大学、西北工业大学、国防科学技术大学。

10 月 9 日

国务院学位委员会办公室发文，委托有关省学位委员会对需进一步加强建设的服务国家特殊需求博士人才培养项目进行评审，这些项目在通过评审后方可开展试点工作。待评审的项目分别属于河北工程大学、沈阳理工大学、大连外国语学院、杭州师范大学和湖南工业大学。

11 月 12 日

国务院学位委员会办公室发文，决定对服务国家特殊需求博士人才培养项目实施情况进行总结，对项目管理机制、规章制度、招生培养等进行全面分析，以便及时对项目实施工作进行调整和改进。

11 月 18 日

国务院学位委员会下发通知，决定开展增列硕士专业学位授权点审核工作。本次增列硕士专业学位授权点工作，只面向具有博士、硕士学位授予权的普通高等学校和军队院校，不包括具有博士、硕士学位授予权的科研机构以及“服务国家特殊需求硕士人才培养项目”试点单位（5 所民办高等学校除外）；党校等其他博士、硕士学位授予单位确有需要的，由所在地区省级学位委员会从严把握。本次增列硕士专业学位授权点的类别包括：金融、国际商务、应用统计、税务、保险、资产评估、法律、教育、汉语国际教育、翻译、体育、艺术、应用心理、警务、社会工作、新闻与传播、出版、文物与博物馆、工程、林业、农业推广、风景园林、兽医、临床医学、口腔医学、公共卫生、药学、中药学、护理、会计、公共管理、工程管理、旅游管理、图书情报、审计、军事共 36 种专业学位；其中，工程硕士专业学位按工程领域进行审核增列，警务硕士限公安警察系统内院校申报。工商管理、建筑学和城市规划 3 个硕士专业学位类别不列入本次授权审核范围。本次授权审核实行限额审核、总量控制，根据高等学校的归属情况，分别委托省级学位委员会开展所属院校增列硕士专业学位授权点审核工作；委托中国人民解放军学位委员会开展军队院校增列硕士专业学位授权点审核工作；委托部委属普通高等学校自行开展本单位增列硕士专业学位授权点审核工作。部委属高等学校自审结果和各省级学位委员会、中国人民解放军学位委员会审核结果报国务院学位委员会审批。

新增 36 种硕士专业学位

11 月 25 日

国务院学位委员会批复同意四川抗菌素工业研究所并入成都学院后，硕士学位授予单位名称变更为成都学院，药学与生物化工为硕士学位授权学科专业。并入成都学院后的四川抗菌素工业研究所不再行使学位授予权。

批准 5 所高校实施服务国家特殊需求博士人才培养项目

12 月 18 日

国务院学位委员会批准了河北工程大学、沈阳理工大学、大连外国语学院、杭州师范大学、湖南工业大学等 5 所高校实施服务国家特殊需求博士人才培养项目。

12 月 24 日

教育部、财政部“985 工程”办公室将“985 工程”（2010—2013 年）建设情况评审结果和“985 工程”（2010—2013 年）建设情况评审意见与建议反馈给相关单位，以便各学校更好地总结经验、分析存在的问题、查找不足，并在今后制定规划和重点建设中参考。

附录二　2013 年全国优秀博士学位论文名单

自 2013 年起，全国优秀博士学位论文评选分为“基础研究类”和“应用基础研究类”两类。“基础研究类”论文突出原始创新，激励博士生在本学科前沿从事基础研究；“应用基础研究类”论文突出服务需求，激励博士生从国家、区域或行业重大需求中提炼出具有重要学术价值的科学问题开展研究。

参加 2013 年全国优秀博士学位论文评选的学位论文主要是 2010 年 9 月 1 日至 2011 年 8 月 31 日在国内学位授予单位获得博士学位者的学位论文。经过学位授予单位推荐、省级教育主管部门初选，全国共有 649 篇博士学位论文参加 2013 年全国优秀博士学位论文评选。经过评议和复审，共有 100 篇博士学位论文进入公示名单并最终被评为全国优秀博士学位论文（见下表）。

2013年全国优秀博士学位论文名单

编　号	论文题目	作　者	指导教师	学位授予单位
2013001	《中观心论》及其古注《思择炎》对外道思想批判的研究	何欢欢	姚卫群	北京大学
2013002	WTO争端解决机制不对称性研究——系统与结果如何向原告倾斜	陈儒丹	邵景春	北京大学
2013003	对听感觉运动门控自上而下调节的动物模型和神经机制	杜　忆	李　量	北京大学
2013004	重夸克偶素在高能对撞机上产生机制的研究	马滟青	赵光达	北京大学
2013005	表面等离激元纳米结构制备与近场光学表征	方哲宇	朱　星	北京大学
2013006	稀土单离子磁体的设计、合成与磁性	蒋尚达	高　松	北京大学
2013007	太阳过渡区结构与太阳风起源的观测研究	田　晖	涂传诒	北京大学
2013008	抗病毒天然免疫信号通路调控机制研究	游富平	蒋争凡	北京大学

续表

编　号	论文题目	作　者	指导教师	学位授予单位
2013009	镁基材料的体液降解与生物相容性研究	顾雪楠	郑玉峰	北京大学
2013010	新型纳米MOS器件研究	诸葛菁	王阳元	北京大学
2013011	掺硼金刚石膜电极电化学氧化难降解有机污染物机理及废水处理研究	朱秀萍	倪晋仁	北京大学
2013012	半导体中与自旋相关的新奇量子现象	王　靖	朱邦芬	清华大学—北京协和医学院（清华大学医学部）
2013013	超两亲分子的可控自组装与解组装	王　朝	张　希	清华大学—北京协和医学院（清华大学医学部）
2013014	大肠杆菌膜蛋白UraA和AdiC的结构和转运机制	鲁斐然	施一公	清华大学—北京协和医学院（清华大学医学部）
2013015	软物质材料的表面失稳研究	李　博	冯西桥	清华大学—北京协和医学院（清华大学医学部）
2013016	端泵高重频MOPA激光器模式特性及非线性频率变换	闫兴鹏	王东生	清华大学—北京协和医学院（清华大学医学部）
2013017	多相磁电复合材料的研究及原型器件探索	马　静	南策文	清华大学—北京协和医学院（清华大学医学部）
2013018	遗传变异与食管癌和小细胞肺癌易感性及临床疗效的全基因组关联研究	吴　晨	林东昕	北京协和医学院（清华大学医学部）—清华大学
2013019	子宫颈癌筛查方法及策略的研究	赵方辉	乔友林	北京协和医学院（清华大学医学部）—清华大学
2013020	波导耦合金属和介电材料光子晶体光谱学特征研究	冯胜飞	张新平	北京工业大学
2013021	碳纳米管监测复合材料微观损伤的表征方法与其机理研究	高丽敏	张佐光	北京航空航天大学
2013022	多模式卫星接收机中的同步技术研究	武　楠	匡镜明	北京理工大学
2013023	准一维氧化锌纳米材料的力电性能与器件基础	杨　亚	张　跃	北京科技大学

续表

编 号	论文题目	作 者	指导教师	学位授予单位
2013024	汉语方言声调分化研究	王莉宁	曹志耘	北京语言大学
2013025	弦支穹顶结构施工控制理论与温度效应研究	刘红波	陈志华	天津大学
2013026	酵母对纤维素水解液中复合抑制剂耐受的系统分析与解耦	丁明珠	元英进	天津大学
2013027	纵弯模态超声电机理论与实验研究	刘英想	陈维山	哈尔滨工业大学
2013028	非线性系统中时滞及丢包问题的模糊控制研究	赵 燕	高会军	哈尔滨工业大学
2013029	西汉侯国地理	马孟龙	葛剑雄	复旦大学
2013030	Salmonella enterica中心代谢关键酶的赖氨酸可逆乙酰化修饰研究	王启军	赵国屏	复旦大学
2013031	抑制p53与MDM2结合的抗肿瘤多肽设计与靶向递送	李 翀	陆伟跃	复旦大学
2013032	新型介观晶体结构及形成机理的电子显微学研究	韩 璐	车顺爱	上海交通大学
2013033	国际外包承接与中国产业结构升级和转型	郑若谷	干春晖	上海财经大学
2013034	马克思再生产理论研究	孙乐强	唐正东	南京大学
2013035	S^n上的预定纯量曲率问题的几何流方法	陈学长	尹会成	南京大学
2013036	双星系统中行星的形成及动力学	谢基伟	周济林	南京大学
2013037	演化计算理论分析与学习算法的研究	俞 扬	周志华	南京大学
2013038	共轭分子设计合成及其电存储性能研究	李 华	路建美	苏州大学
2013039	气固流化床非球异质颗粒介观混合特性的实验研究与三维DEM直接数值模拟	张 勇	金保昇	东南大学
2013040	变换光学及其应用	蒋卫祥	崔铁军	东南大学
2013041	利用统计信道状态信息的MIMO闭环传输理论研究	李 潇	高西奇	东南大学
2013042	现世的乌托邦——基于“中介”（In-between）视角的“十次小组”（Team 10）城市建筑理论研究	朱 渊	王建国	东南大学
2013043	以减阻增升减振为目标的尾流的电磁优化控制	张 辉	范宝春	南京理工大学

续表

编　号	论文题目	作　者	指导教师	学位授予单位
2013044	预热烧蚀瑞利—泰勒不稳定性射流状尖钉形成机制	王立锋	李英骏	中国矿业大学
2013045	氮素营养对水稻光合作用与光合氮素利用率的影响机制研究	李　勇	郭世伟	南京农业大学
2013046	小说中的“文革”：当代小说对“文革”的叙事流变史（1977—2009）	沈杏培	朱晓进	南京师范大学
2013047	复杂两相流动中颗粒碰撞的DEM-LES/DNS耦合模拟研究	桂　南	樊建人	浙江大学
2013048	远程量子通信的实验研究	金贤敏	潘建伟	中国科学技术大学
2013049	量子点光学性质的经验赝势计算	龚　明	郭光灿	中国科学技术大学
2013050	纳米纤维宏观组装体的制备及功能化研究	梁海伟	俞书宏	中国科学技术大学
2013051	基于新导向基拓展的Pd催化C-H键官能团化	肖　斌	郭庆祥	中国科学技术大学
2013052	生物电化学系统中的强化生物与化学催化	刘贤伟	俞汉青	中国科学技术大学
2013053	中国人群白癜风全基因组关联分析研究	权　晟	张学军	安徽医科大学
2013054	中国历史上的“高考移民”：清代科举冒籍研究	刘希伟	刘海峰	厦门大学
2013055	Navier-Stokes方程的自由边界问题与Vlasov-Boltzmann方程的流体极限	王焰金	谭　忠	厦门大学
2013056	氯稳定化的非IPR富勒烯	谭元植	郑兰荪	厦门大学
2013057	核壳结构纳米粒子增强拉曼光谱	李剑锋	田中群	厦门大学
2013058	超大面积石墨烯化学气相沉积生长、性质及应用研究	陈珊珊	康俊勇	厦门大学
2013059	表面等离子体增强AgX（X=Cl,Br,I）及其复合材料的制备、表征和光催化性能研究	王　朋	黄柏标	山东大学
2013060	细胞抗病毒天然免疫信号转导的调控机制	李　颖	舒红兵	武汉大学
2013061	高效有机电致磷光双极传输主体材料的合成与性能研究	陶友田	杨楚罗	武汉大学
2013062	基于网络引证关系的知识交流规律研究	杨思洛	邱均平	武汉大学

续表

编　号	论文题目	作　者	指导教师	学位授予单位
2013063	流域梯级电站群多目标联合优化调度与多属性风险决策	覃　晖	周建中	华中科技大学
2013064	用于绘制高分辨小鼠全脑图谱的断层成像系统研究	李安安	骆清铭	华中科技大学
2013065	盆地含水系统与地下水流动系统特征	蒋小伟	万　力	中国地质大学
2013066	番茄Wo基因调控表皮毛形成和胚胎发育的机理解析	杨长宪	叶志彪	华中农业大学
2013067	真核生物非逆转录病毒内生化与进化基因组学研究	刘慧泉	姜道宏	华中农业大学
2013068	民主学步：农民的民主能力建设——以“南农实验”为例	马　华	徐　勇	华中师范大学
2013069	中国现代诗歌节奏原理与形态研究	王雪松	王泽龙	华中师范大学
2013070	稳定硫叶立德和缺电子组分的串联反应研究	陆良秋	肖文精	华中师范大学
2013071	农药合理设计的分子基础研究	郝格非	杨光富	华中师范大学
2013072	嶽麓書院藏秦簡《數》研究	肖　灿	朱汉民	湖南大学
2013073	高效无功与谐波动态控制方法及应用研究	帅智康	罗　安	湖南大学
2013074	首发未服药青年重性抑郁症脑网络连接的磁共振成像研究	朱雪玲	姚树桥	中南大学
2013075	质料先天与人格生成——对舍勒现象学的质料价值伦理学的系统研究	张　伟	倪梁康	中山大学
2013076	Alexandrov 空间上的Ricci 曲率	张会春	朱熹平	中山大学
2013077	农林生物质半纤维素分离纯化、结构表征及化学改性的研究	彭　锋	孙润仓	华南理工大学
2013078	糖生物安全中葡萄球菌生物被膜行为的致毒及耐药分子机制研究	徐振波	李　琳	华南理工大学
2013079	肿瘤激光免疫疗法的免疫调控机制及应用研究	周非凡	邢　达	华南师范大学
2013080	HDAC1/2在少突胶质细胞分化发育中的作用和机制研究	叶　丰	步　宏	四川大学
2013081	手性仲胺催化的不对称碳—碳键构建以及环加成反应研究	韩　波	陈应春	四川大学

续表

编　号	论文题目	作　者	指导教师	学位授予单位
2013082	基于纹波的开关功率变换器控制技术及其动力学行为研究	周国华	许建平	西南交通大学
2013083	低相关序列设计及其相关编码研究	周正春	唐小虎	西南交通大学
2013084	基于四维天线理论和强互耦效应的阵列天线技术研究	陈益凯	杨仕文	电子科技大学
2013085	在胚珠表皮中时空调控生长素的生物合成提高转基因棉花的纤维产量和品质	张　觅	裴　炎	西南大学
2013086	中国劳动者收入不平等的演化——技术进步与高校扩招政策的影响	徐　舒	甘　犁	西南财经大学
2013087	流动与传热的介观格子Boltzmann方法基本模型研究及其应用	李　庆	何雅玲	西安交通大学
2013088	空天目标逆合成孔径雷达成像新方法研究	白雪茹	保　铮	西安电子科技大学
2013089	ATGL肝脏组织特异性敲除小鼠的产生及其引起的渐进性脂肪肝机理研究	吴江维	杨公社	西北农林科技大学
2013090	无线传感器网络拓扑识别与构建技术研究	董德尊	廖湘科	国防科学技术大学
2013091	临近空间高超声速飞行器内外流一体化设计及飞行性能研究	黄　伟	王振国	国防科学技术大学
2013092	演化学习型智能优化方法及其应用研究	邢立宁	陈英武	国防科学技术大学
2013093	军人工资关系研究	王　刚	熊友存	军事经济学院
2013094	利益、财权与制度安排——军队财务改革的逻辑分析框架	张　巍	李英成	军事经济学院
2013095	MHC I类分子和白细胞介素17对天然免疫应答的调控作用及其机制研究	徐　胜	曹雪涛	第二军医大学
2013096	肝细胞核因子4α诱导分化治疗实验性肝癌	尹　川	谢渭芬	第二军医大学
2013097	心室辅助装置治疗儿童终末期心衰的临床疗效分析和心衰继发肺动脉高压的治疗及相关机制的实验研究	范　晔	肖颖彬	第三军医大学
2013098	两种促神经损伤修复电刺激模式的建立及机制研究	黄景辉	罗卓荆	第四军医大学
2013099	Notch信号通路在脉络膜新生血管发生发展中的作用	窦国睿	王雨生	第四军医大学
2013100	TiO_2纳米管抗菌与生物活性双功能种植体涂层的构建与评价	赵领洲	吴织芬	第四军医大学

附录三　2013年学位与研究生教育优秀博士学位论文名单

2013年中国学位与研究生教育学会继续开展学位与研究生教育优秀博士学位论文评选工作。论文评选范围是2012年1月1日至2012年12月31日在国内获得博士学位者撰写的博士学位论文，论文内容须与学位与研究生教育相关。经过单位推荐、同行专家通讯评议、学会评估委员会审议推荐、学会学术委员会审核，中国学位与研究生教育学会批准了已经通过公示的学位与研究生教育优秀博士学位论文，名单见下表。

2013年学位与研究生教育优秀博士学位论文名单

单位	论文作者	指导教师	论文题目
北京大学	王东芳	陈洪捷	学科文化视角下的博士生培养——以美国R大学为案例
中国科学技术大学	彭莉君	古继宝	我国高校研究生教育资源配置现状研究
南京师范大学	李云鹏	程晋宽	美国教育博士专业学位的发展动力与变革模式研究

附录四　1999—2013 年全国优秀博士论文统计排名

自 1999 年开展首次全国优秀博士学位论文评选活动以来，我国每年都评选出不超过 100 篇优秀博士学位论文。到 2013 年，这项工作已经开展了 15 年，共评选出全国优秀博士学位论文 1469 篇。为了全面了解这 1469 篇论文的分布情况，现将全国优秀博士学位论文数量的学科门类分布、省域排名和单位排名进行了统计，具体情况见表 1—表 5。

表1　1999—2013年全国优秀博士学位论文学科门类分布　（单位：篇）

门类代码	学科门类	高等院校	科研机构	论文总数	所占比例（%）
01	哲学	20	1	21	1.42
02	经济学	35	0	35	2.38
03	法学	36	1	37	2.52
04	教育学	31	3	34	2.31
05	文学	58	4	62	4.22
06	历史学	34	4	38	2.59
07	理学	279	138	417	28.39
08	工学	509	42	551	37.51
09	农学	71	7	78	5.31
10	医学	145	7	152	10.35
11	军事学	10	4	14	0.95
12	管理学	28	2	30	2.04
总计		1 256	213	1 469	99.99

注：由于艺术学门类设立较晚，因此该门类的优博论文没有单独统计。表 1、表 2、表 3 的数据根据中国学位与研究生教育信息网的数据统计。

表2　1999—2013年全国优秀博士学位论文数省域排名　　（单位：篇）

序　号	排　名	省　域	数　量
1	1	北　京	429
2	2	中国科学院	184
3	3	上　海	153
4	4	江　苏	113
5	5	陕　西	78
6	6	湖　北	71
7	7	湖　南	54
8	8	浙　江	52
9	9	安　徽	47
10	10	广　东	45
11	11	四　川	42
12	12	天　津	40
13	13	黑龙江	31
14	14	山　东	27
15	15	重　庆	23
16	16	吉　林	21
17	17	福　建	16
18	18	辽　宁	15
19	19	甘　肃	8
20	20	河　南	7
21	21	河　北	4
22	21	山　西	4
23	23	内蒙古	2
24	24	广　西	1
25	24	江　西	1
26	24	云　南	1

注：中国科学院的优秀博士学位论文单独统计，未分散统计到各省（市、区）；中国地质大学、中国矿业大学、中国石油大学的优秀博士学位论文统计在北京市内。

表3　1999—2013年全国优秀博士学位论文数培养单位排名　（单位：篇）

序　号	排　名	培养单位名称	数　量
1	1	中国科学院	184
2	2	清华大学	115
3	3	北京大学	101
4	4	复旦大学	58
5	5	浙江大学	49
6	6	中国科学技术大学	45
7	7	南京大学	44
8	8	上海交通大学	35
9	9	中国人民大学	28
10	10	西安交通大学	27
11	10	中山大学	27
12	12	四川大学	24
13	13	山东大学	23
14	14	国防科学技术大学	21
15	14	武汉大学	21
16	16	东南大学	20
17	16	南开大学	20
18	18	北京航空航天大学	19
19	18	北京师范大学	19
20	18	哈尔滨工业大学	19
21	18	中国农业大学	19
22	22	第二军医大学	18
23	23	中国矿业大学	17
24	24	中南大学	16
25	25	华中科技大学	15
26	26	华中师范大学	13
27	26	吉林大学	13
28	26	天津大学	13
29	26	西北工业大学	13

续表

序 号	排 名	培养单位名称	数 量
30	30	南京农业大学	12
31	30	厦门大学	12
32	32	第四军医大学	11
33	32	华中农业大学	11
34	34	中国社会科学院研究生院	10
35	35	第三军医大学	9
36	36	北京科技大学	8
37	36	东华大学	8
38	36	华东师范大学	8
39	36	兰州大学	8
40	36	同济大学	8
41	36	西南交通大学	8
42	36	中国协和医科大学	8
43	43	北京工业大学	7
44	43	大连理工大学	7
45	43	东北师范大学	7
46	43	湖南大学	7
47	43	华南理工大学	7
48	43	西安电子科技大学	7
49	43	重庆大学	7
50	43	海军工程大学	7
51	51	北京理工大学	6
52	51	南京航空航天大学	6
53	51	西北大学	6
54	51	西北农林科技大学	6
55	51	中国地质大学	6
56	56	中国石油大学	5
57	56	北京交通大学	5
58	56	北京林业大学	5

续表

序 号	排 名	培养单位名称	数 量
59	56	湖南师范大学	5
60	56	华东理工大学	5
61	56	解放军信息工程大学	5
62	56	四川农业大学	5
63	56	西南大学	5
64	64	东北大学	4
65	64	东北林业大学	4
66	64	国防大学	4
67	64	华南农业大学	4
68	64	军事科学院	4
69	64	南京理工大学	4
70	64	南京师范大学	4
71	64	陕西师范大学	4
72	64	扬州大学	4
73	64	中国海洋大学	4
74	64	中国农业科学院	4
75	75	北京中医药大学	3
76	75	福建师范大学	3
77	75	哈尔滨工程大学	3
78	75	河海大学	3
79	75	华南师范大学	3
80	75	江南大学	3
81	75	江苏大学	3
82	75	军事医学科学院	3
83	75	空军工程大学	3
84	75	南方医科大学	3
85	75	上海财经大学	3
86	75	上海第二医科大学	3
87	75	苏州大学	3

续表

序号	排名	培养单位名称	数量
88	75	天津中医药大学	3
89	75	湘潭大学	3
90	75	中国政法大学	3
91	91	北京外国语大学	2
92	91	北京邮电大学	2
93	91	电子科技大学	2
94	91	黑龙江中医药大学	2
95	91	军事经济学院	2
96	91	军医进修学院	2
97	91	南京医科大学	2
98	91	山西大学	2
99	91	上海大学	2
100	91	首都师范大学	2
101	91	首都医科大学	2
102	91	太原理工大学	2
103	91	天津师范大学	2
104	91	天津医科大学	2
105	91	西南财经大学	2
106	91	西南政法大学	2
107	91	燕山大学	2
108	91	中国疾病预防控制中心	2
109	91	中国美术学院	2
110	91	中国药科大学	2
111	91	中南财经政法大学	2
112	91	中央民族大学	2
113	113	安徽医科大学	1
114	113	北京体育大学	1
115	113	北京语言大学	1
116	113	成都中医药大学	1

续表

序　号	排　名	培养单位名称	数　量
117	113	东北财经大学	1
118	113	东北农业大学	1
119	113	对外经济贸易大学	1
120	113	防化研究院	1
121	113	福建农业大学	1
122	113	钢铁研究总院	1
123	113	广西医科大学	1
124	113	哈尔滨医科大学	1
125	113	合肥工业大学	1
126	113	河北师范大学	1
127	113	河南师范大学	1
128	113	黑龙江大学	1
129	113	后勤指挥学院	1
130	113	湖南农业大学	1
131	113	暨南大学	1
132	113	军械工程学院	1
133	113	昆明理工大学	1
134	113	南昌大学	1
135	113	南京工业大学	1
136	113	南京林业大学	1
137	113	南京艺术学院	1
138	113	内蒙古大学	1
139	113	内蒙古农业大学	1
140	113	上海理工大学	1
141	113	上海体育学院	1
142	113	上海外国语大学	1
143	113	上海音乐学院	1
144	113	上海中医药大学	1
145	113	沈阳农业大学	1

续表

序号	排名	培养单位名称	数量
146	113	沈阳药科大学	1
147	113	武汉理工大学	1
148	113	西安理工大学	1
149	113	延边大学	1
150	113	长沙理工大学	1
151	113	浙江工业大学	1
152	113	郑州大学	1
153	113	中共中央党校	1
154	113	中国传媒大学	1
155	113	中国地震局地质研究所	1
156	113	中国地质科学院	1
157	113	中国舰船研究院	1
158	113	中国医科大学	1
159	113	中国音乐学院	1
160	113	中国中医科学院	1
161	113	中央美术学院	1
162	113	装备指挥技术学院	1

表4　1999—2013年全国优秀博士学位论文数普通高校排名　（单位：篇）

序号	排名	培养单位名称	数量
1	1	清华大学	115
2	2	北京大学	101
3	3	复旦大学	58
4	4	浙江大学	49
5	5	中国科学技术大学	45
6	6	南京大学	44
7	7	上海交通大学	35
8	8	中国人民大学	28
9	9	西安交通大学	27
10	9	中山大学	27

续表

序号	排名	培养单位名称	数量
11	11	四川大学	24
12	12	山东大学	23
13	13	武汉大学	21
14	14	东南大学	20
15	14	南开大学	20
16	16	北京航空航天大学	19
17	16	北京师范大学	19
18	16	哈尔滨工业大学	19
19	16	中国农业大学	19
20	20	中国矿业大学	17
21	21	中南大学	16
22	22	华中科技大学	15
23	23	华中师范大学	13
24	23	吉林大学	13
25	23	天津大学	13
26	23	西北工业大学	13
27	27	南京农业大学	12
28	27	厦门大学	12
29	29	华中农业大学	11
30	30	北京科技大学	8
31	30	东华大学	8
32	30	华东师范大学	8
33	30	兰州大学	8
34	30	同济大学	8
35	30	西南交通大学	8
36	30	中国协和医科大学	8
37	37	北京工业大学	7
38	37	大连理工大学	7
39	37	东北师范大学	7
40	37	湖南大学	7
41	37	华南理工大学	7

续表

序　号	排　名	培养单位名称	数　量
42	37	西安电子科技大学	7
43	37	重庆大学	7
44	44	北京理工大学	6
45	44	南京航空航天大学	6
46	44	西北大学	6
47	44	西北农林科技大学	6
48	44	中国地质大学	6
49	49	中国石油大学	5
50	49	北京交通大学	5
51	49	北京林业大学	5
52	49	湖南师范大学	5
53	49	华东理工大学	5
54	49	四川农业大学	5
55	49	西南大学	5
56	56	东北大学	4
57	56	东北林业大学	4
58	56	华南农业大学	4
59	56	南京理工大学	4
60	56	南京师范大学	4
61	56	陕西师范大学	4
62	56	扬州大学	4
63	56	中国海洋大学	4
64	64	北京中医药大学	3
65	64	福建师范大学	3
66	64	哈尔滨工程大学	3
67	64	河海大学	3
68	64	华南师范大学	3
69	64	江南大学	3
70	64	江苏大学	3
71	64	南方医科大学	3

续表

序 号	排 名	培养单位名称	数 量
72	64	上海财经大学	3
73	64	上海第二医科大学	3
74	64	苏州大学	3
75	64	天津中医药大学	3
76	64	湘潭大学	3
77	64	中国政法大学	3
78	78	北京外国语大学	2
79	78	北京邮电大学	2
80	78	电子科技大学	2
81	78	黑龙江中医药大学	2
82	78	南京医科大学	2
83	78	山西大学	2
84	78	上海大学	2
85	78	首都师范大学	2
86	78	首都医科大学	2
87	78	太原理工大学	2
88	78	天津师范大学	2
89	78	天津医科大学	2
90	78	西南财经大学	2
91	78	西南政法大学	2
92	78	燕山大学	2
93	78	中国美术学院	2
94	78	中国药科大学	2
95	78	中南财经政法大学	2
96	78	中央民族大学	2
97	97	安徽医科大学	1
98	97	北京体育大学	1
99	97	北京语言大学	1
100	97	成都中医药大学	1

续表

序 号	排 名	培养单位名称	数 量
101	97	东北财经大学	1
102	97	东北农业大学	1
103	97	对外经济贸易大学	1
104	97	福建农业大学	1
105	97	广西医科大学	1
106	97	哈尔滨医科大学	1
107	97	合肥工业大学	1
108	97	河北师范大学	1
109	97	河南师范大学	1
110	97	黑龙江大学	1
111	97	湖南农业大学	1
112	97	暨南大学	1
113	97	昆明理工大学	1
114	97	南昌大学	1
115	97	南京工业大学	1
116	97	南京林业大学	1
117	97	南京艺术学院	1
118	97	内蒙古大学	1
119	97	内蒙古农业大学	1
120	97	上海理工大学	1
121	97	上海体育学院	1
122	97	上海外国语大学	1
123	97	上海音乐学院	1
124	97	上海中医药大学	1
125	97	沈阳农业大学	1
126	97	沈阳药科大学	1
127	97	武汉理工大学	1
128	97	西安理工大学	1
129	97	延边大学	1

续表

序 号	排 名	培养单位名称	数 量
130	97	长沙理工大学	1
131	97	浙江工业大学	1
132	97	郑州大学	1
133	97	中国传媒大学	1
134	97	中国医科大学	1
135	97	中国音乐学院	1
136	97	中央美术学院	1

表5 1999—2013年全国优秀博士学位论文数科研院所排名 （单位：篇）

序 号	排 名	培养单位名称	数 量
1	1	中国科学院	184
2	2	中国社会科学院研究生院	10
3	3	军事科学院	4
4	4	军事医学科学院	3
5	5	军事经济学院	2
6	5	军医进修学院	2
7	5	中国疾病预防控制中心	2
8	8	防化研究院	1
9	8	钢铁研究总院	1
10	8	中共中央党校	1
11	8	中国传媒大学	1
12	8	中国地震局地质研究所	1
13	8	中国地质科学院	1
14	8	中国舰船研究院	1

附录五　2013 年学位与研究生教育质量方面的重要文件

1. 中华人民共和国教育部令第 34 号《学位论文作假行为处理办法》

（《学位论文作假行为处理办法》已经 2012 年 6 月 12 日第 22 次部长办公会议审议通过，并经国务院学位委员会同意，自 2013 年 1 月 1 日起施行。教育部部长 2012 年 11 月 13 日）

学位论文作假行为处理办法

第一条　为规范学位论文管理，推进建立良好学风，提高人才培养质量，严肃处理学位论文作假行为，根据《中华人民共和国学位条例》《中华人民共和国高等教育法》，制定本办法。

第二条　向学位授予单位申请博士、硕士、学士学位所提交的博士学位论文、硕士学位论文和本科学生毕业论文（毕业设计或其他毕业实践环节）（统称为学位论文），出现本办法所列作假情形的，依照本办法的规定处理。

第三条　本办法所称学位论文作假行为包括下列情形：

（一）购买、出售学位论文或者组织学位论文买卖的；

（二）由他人代写、为他人代写学位论文或者组织学位论文代写的；

（三）剽窃他人作品和学术成果的；

（四）伪造数据的；

（五）有其他严重学位论文作假行为的。

第四条　学位申请人员应当恪守学术道德和学术规范，在指导教师指导下独立完成学位论文。

第五条　指导教师应当对学位申请人员进行学术道德、学术规范教育，对其学位论文研究和撰写过程予以指导，对学位论文是否由其独立完成进行审查。

第六条 学位授予单位应当加强学术诚信建设，健全学位论文审查制度，明确责任、规范程序，审核学位论文的真实性、原创性。

第七条 学位申请人员的学位论文出现购买、由他人代写、剽窃或者伪造数据等作假情形的，学位授予单位可以取消其学位申请资格；已经获得学位的，学位授予单位可以依法撤销其学位，并注销学位证书。取消学位申请资格或者撤销学位的处理决定应当向社会公布。从做出处理决定之日起至少 3 年内，各学位授予单位不得再接受其学位申请。

前款规定的学位申请人员为在读学生的，其所在学校或者学位授予单位可以给予开除学籍处分；为在职人员的，学位授予单位除给予纪律处分外，还应当通报其所在单位。

第八条 为他人代写学位论文、出售学位论文或者组织学位论文买卖、代写的人员，属于在读学生的，其所在学校或者学位授予单位可以给予开除学籍处分；属于学校或者学位授予单位的教师和其他工作人员的，其所在学校或者学位授予单位可以给予开除处分或者解除聘任合同。

第九条 指导教师未履行学术道德和学术规范教育、论文指导和审查把关等职责，其指导的学位论文存在作假情形的，学位授予单位可以给予警告、记过处分；情节严重的，可以降低岗位等级直至给予开除处分或者解除聘任合同。

第十条 学位授予单位应当将学位论文审查情况纳入对学院（系）等学生培养部门的年度考核内容。多次出现学位论文作假或者学位论文作假行为影响恶劣的，学位授予单位应当对该学院（系）等学生培养部门予以通报批评，并可以给予该学院（系）负责人相应的处分。

第十一条 学位授予单位制度不健全、管理混乱，多次出现学位论文作假或者学位论文作假行为影响恶劣的，国务院学位委员会或者省、自治区、直辖市人民政府学位委员会可以暂停或者撤销其相应学科、专业授予学位的资格；国务院教育行政部门或者省、自治区、直辖市人民政府教育行政部门可以核减其招生计划；并由有关主管部门按照国家有关规定对负有直接管理责任的学位授予单位负责人进行问责。

第十二条 发现学位论文有作假嫌疑的，学位授予单位应当确定学术委员会或者其他负有相应职责的机构，必要时可以委托专家组成的专门机构，对其进行调查认定。

第十三条 对学位申请人员、指导教师及其他有关人员做出处理决定前，应当告知并听取当事人的陈述和申辩。当事人对处理决定不服的，可以依法提出申诉、申请行政复议或者提起行政诉讼。

第十四条 社会中介组织、互联网站和个人，组织或者参与学位论文买卖、代写的，由有关主管机关依法查处。学位论文作假行为违反有关法律法规规定的，依照有关法律法规的规定追究法律责任。

第十五条 学位授予单位应当依据本办法，制定、完善本单位的相关管理规定。

第十六条 本办法自 2013 年 1 月 1 日起施行。

2. 教研厅函［2013］2 号《教育部办公厅关于做好〈学位论文作假行为处理办法〉实施工作的通知》

（教育部办公厅 2013 年 3 月 5 日）

教育部办公厅关于做好《学位论文作假行为处理办法》实施工作的通知

各省、自治区、直辖市教育厅（教委），各计划单列市教育局，新疆生产建设兵团教育局，有关部门（单位）教育司（局），部属各高等学校：

为做好《学位论文作假行为处理办法》（教育部令第 34 号，以下简称《办法》）实施工作，进一步加强学风建设，现将有关事项通知如下：

一、各省级教育行政部门和学位授予单位要高度重视，切实抓好《办法》的学习宣传和贯彻实施工作，进一步规范学位论文管理、加强学风建设，努力营造风清气正的育人环境和求真务实的学术氛围。

二、学位授予单位要根据《办法》，结合本单位实际制订实施细则，细化表述学位论文作假行为，明确指导教师的职责，落实学位论文作假行为的调查和处理机构，规范调查和处理程序。学位授予单位制订的实施细则，须报省级教育行政部门备案。

三、学位授予单位要按照《办法》要求，在对有学位论文作假行为的学位申请人员、指导教师及其他有关人员做出处理决定前，将调查情况和拟处理决定告知当事人并听取当事人的陈述和申辩。处理决定书应当送交当事人本人。当事人对处理决定不服的，可按照有关规定，向学位授予单位或省级教育行政部门提出申诉。

四、教育部将在“中国学位与研究生教育信息网”（网址：www.chinadegrees.cn）建立“学位论文作假行为处理备案信息平台”（简称“信息平台”）。从本通知发布之日起，学位授予单位必须在学位论文作假行为处理结束后的30天内，填写《学位论文作假行为处理备案信息表》，将处理情况通过“信息平台”报教育部学位管理与研究生教育司备案。学位授予单位可通过“信息平台”核查有关学位申请人员的信息。

各省级教育行政部门和学位授予单位请将《办法》实施过程中的有关情况及时反馈教育部学位管理与研究生教育司（通讯地址：北京市西单大木仓胡同35号；邮编：100816）。

3. 学位［2013］36号《国务院学位委员会、教育部、国家发展改革委关于进一步加强在职人员攻读硕士专业学位和授予同等学力人员硕士、博士学位管理工作的意见》

（国务院学位委员会、教育部、国家发展改革委2013年9月30日）

国务院学位委员会、教育部、国家发展改革委关于进一步加强在职人员攻读硕士专业学位和授予同等学力人员硕士、博士学位管理工作的意见

各省、自治区、直辖市学位委员会、教育厅（教委）、发展改革委，中国人民解放军学位委员会，有关部门（单位）教育司（局），有关学位授予单位：

为贯彻落实《国家中长期教育改革和发展规划纲要（2010—2020年）》，多渠道培养造就高层次人才，保证和不断提高人才培养质量，现就进一步加强在职人员攻读硕士专业学位和授予具有研究生毕业同等学力人员硕士、博士学位管理工作提出如下意见。

一、加强规范管理，推动在职人员攻读硕士专业学位和授予同等学力人员硕士、博士学位工作健康发展

支持和鼓励在职人员攻读硕士专业学位，对符合条件和达到规定水平人员授予硕士、博士学位，是培养造就高层次人才的重要途径，对于我国实施人才强国战略，加快人力资源强国建设具有重要意义。

自我国学位制度建立以来，通过开展在职人员攻读硕士专业学位和授予研究生毕业同等学力人员硕士、博士学位等途径，培养造就了大批高层次人才，为经济社会发展特别是创新型国家建设提供了有力的人才支撑。

在研究生教育改革发展的新形势下，在职人员攻读硕士专业学位和授予同等学力人员硕士、博士学位工作面临着新的问题。必须在进一步深化改革、创新培养模式的同时，强化管理、加强监管，推动这两项工作科学、健康发展。

二、端正办学思想，切实保证在职人员培养和学位授予质量

各级研究生教育主管部门和培养单位要高度重视在职人员攻读专业学位培养质量和在职人员学位授予质量，把保证和提高在职人员培养质量和学位授予质量作为提高研究生教育质量的重要内容，抓实抓好。

各研究生培养单位要以保证和提高培养质量为目标，认真研究在职人员培养的特殊规律，按照分类管理、因材施教的原则，制定符合在职人员特点的培养方案和管理办法，创新培养模式。要根据不同学科和课程特点，改进、创新课程考试方法，确保课程教学质量，加强能力水平测试，科学、准确地认定同等学力人员学力水平。

要始终坚持服务需求、保证质量的办学指导思想，从社会需求出发，切实根据学校自身办学能力，开展在职人员攻读硕士专业学位和授予同等学力人员硕士、博士工作。

三、强化单位责任，确保管理科学规范

培养单位作为开展办学活动和授予学位的主体，对管理各类办学活动、保证在职人员培养质量负首要责任。各培养单位要将在职人员攻读硕士专业学位和授予同等学力人员学位工作的管理全面纳入本单位学位与研究生教育管理体系进行统一管理，禁止院系自行组织招收在职人员攻读硕士专业学位和自行开展同等学力人员申请学位工作。培养单位要统一制定该两项工作的管理办法，规范、细化管理流程，建立并落实管理责任体系，做到责任清晰、责任到人。要实行严格的责任追究制度，做到有责必究、追责必严；对于严重违反规定的，除追究具体管理人员责任外，要追究负责人的领导责任。

培养单位要加强对在职攻读硕士专业学位招生的规范管理，严禁招生工作中的虚假、误导宣传和舞弊、违规行为，实行规范招生、阳光招生。从 2014 年起，

各培养单位的示范性软件学院不再自行组织考试招收软件工程领域工程硕士研究生，其招生工作纳入在职人员攻读硕士专业学位全国联考统一管理。严禁委托中介机构组织和参与在职人员攻读硕士专业学位的招生和教学活动。培养单位要明确在职人员攻读硕士专业学位培养方案、课程设置、教学计划和教学规范等，规定在校学习时间不少于半年或500学时。

同等学力人员的课程水平认定考试由培养单位的研究生管理部门统一管理，在培养单位内进行。研究生培养单位不得以“研究生”和“硕士、博士学位”等名义举办课程进修班。已按《关于委托省级学位与研究生教育主管部门对举办研究生课程进修班进行登记备案的通知》（学位办［1997］2号）举办的研究生课程进修班，从本意见发布之日起不得再行招收新学员，待已招收学员完成全部课程学习后即行终止。从本意见发布之日，《关于委托省级学位与研究生教育主管部门对举办研究生课程进修班进行登记备案的通知》即行废止。

培养单位要严格执行国家有关收费政策，按照国家关于行政事业性收费的有关规定管理和使用收费收入。

四、加强政府监管，加大对违规行为处理力度

培养单位的主管部门要加强对培养单位开展在职人员攻读硕士专业学位和授予同等学力人员硕士、博士学位工作的指导监督。各省（区、市）学位委员会和中国人民解放军学位委员会（以下简称省级学位委员会），负责对本地区和军队系统各培养单位开展这两项工作的情况进行定期工作检查。国务院学位委员会对于定期工作检查中存在严重问题、社会反映存在突出问题的培养单位进行重点检查。

省级学位委员会开展定期工作检查，重点是对各培养单位开展有关工作的管理体系、制度是否健全有效，管理过程是否严格规范，管理人员责任是否具体落实进行检查。国务院学位委员会协调和授权有关部门（机构）及专业学位教育指导委员会对在职人员攻读硕士专业学位工作进行教学及培养质量专项评估。

对于检查中发现存在问题的，省级学位委员会应责令培养单位限期整改，对省（区、市）和军队所属培养单位依法做出处理或向培养单位的主管部门提出处理建议。对于专项评估中发现存在问题的，有关部门（机构）和专业学位教育指导委员会应向培养单位提出整改建议；对于问题严重或整改不力的，有关部门（机构）以及专业学位教育指导委员会可向国务院学位委员会提出暂停其开展该项工作、暂停或撤销其授予学位的资格等处理建议。国务院学位委员会对管理混乱、不能保证所授学位质量的研究生培养单位，依法做出处理决定。

在国务院学位委员会统一组织的博士学位论文抽查和省级学位委员会组织的硕士学位论文抽查工作中，加大对在职攻读硕士专业学位和同等学力申请学位人员学位论文的抽查比例，对于论文抽查存在问题的培养单位按有关规定进行处理。

五、完善信息服务，加强信息公开和社会监督

建立、完善全国在职人员攻读硕士专业学位和授予同等学力人员硕士、博士学位管理信息系统，对在职人员招生、培养、课程水平认定和学位授予等环节进行全过程监管。培养单位应利用学籍学历管理信息和学位授予信息，严格招生和学位授予资格条件审查。

对于招收录取的在职攻读硕士专业学位研究生，资格审查获得通过的同等学力申请学位人员，以及经过所有水平认定环节拟授予硕士、博士学位的同等学力人员，培养单位须对有关招生录取、资格审查和学力水平认定信息进行网上公示。招收录取的在职攻读专业学位研究生、以同等学力申请硕士学位人员的公示在培养单位网站进行；以同等学力申请博士学位人员的公示通过全国管理信息平台统一进行。

六、加强组织领导，确保各项管理措施落到实处

各省（区、市）学位委员会、教育厅（教委）、中国人民解放军学位委员会、有关培养单位主管部门和各培养单位，要高度重视在职人员攻读硕士专业学位培养和授予同等学力人员硕士、博士学位的规范管理工作，认真按照本意见要求建立工作制度，制定程序办法和具体实施细则，做好新老政策衔接和平稳过渡，严格按照有关规定进行管理、监督和检查，确保各项措施落到实处，切实保障和推动这两项工作规范、有序进行，保证人才培养和学位授予质量。

4. 教研［2013］1 号《教育部、国家发展改革委、财政部关于深化研究生教育改革的意见》

（教育部、国家发展改革委、财政部 2013 年 3 月 22 日）

教育部、国家发展改革委、财政部关于深化研究生教育改革的意见

各省、自治区、直辖市教育厅（教委）、发展改革委、财政厅（局），新疆生产建设兵团教育局、发展改革委、财务局，有关部门（单位）教育司（局），中国社会科学院研究生院，中共中央党校学位评定委员会，中国人民解放军学位委员会，教育部直属各高等学校：

研究生教育是培养高层次人才的主要途径，是国家创新体系的重要组成部分。改革开放以来，我国研究生教育取得了重大成就，基本实现了立足国内培养高层次人才的战略目标。但总体上看，研究生教育还不能完全适应经济社会发展的多样化需求，培养质量与国际先进水平相比还有较大差距。为全面贯彻落实党的十八大精神和《国家中长期教育改革和发展规划纲要（2010—2020年）》，进一步提高研究生教育质量，现就深化研究生教育改革提出以下意见：

一、指导思想和总体要求

1. 指导思想：高举中国特色社会主义伟大旗帜，以邓小平理论、“三个代表”重要思想、科学发展观为指导，全面贯彻党的教育方针，把立德树人作为研究生教育的根本任务。深入实施教育、科技和人才规划纲要，坚持走内涵式发展道路，以服务需求、提高质量为主线，以分类推进培养模式改革、统筹构建质量保障体系为着力点，更加突出服务经济社会发展，更加突出创新精神和实践能力培养，更加突出科教结合和产学结合，更加突出对外开放，为提高国家创新力和国际竞争力提供有力支撑，为建设人才强国和人力资源强国提供坚强保证。

2. 总体要求：优化类型结构，建立与培养目标相适应的招生选拔制度；鼓励特色发展，构建以研究生成长成才为中心的培养机制；提升指导能力，健全以导师为第一责任人的责权机制；改革评价机制，建立以培养单位为主体的质量保证体系；扩大对外开放，实施合作共赢的发展战略；加大支持力度，健全以政府投入为主的多渠道投入机制。通过改革，实现发展方式、类型结构、培养模式和评价机制的根本转变。到2020年，基本建成规模结构适应需要、培养模式各具特色、整体质量不断提升、拔尖创新人才不断涌现的研究生教育体系。

二、改革招生选拔制度

3. 优化人才培养类型结构。基本稳定学术学位授予单位和学位授权学科总

体规模，建立学科动态调整机制，鼓励学科交叉与融合，进一步突出学科特色和优势。积极发展硕士专业学位研究生教育，稳步发展博士专业学位研究生教育，重视发展非全日制研究生教育。

4. 深化招生计划管理改革。根据国家发展需要和高层次人才培养规律，合理确定研究生招生规模。加强和改进招生计划管理，对全日制和非全日制研究生招生计划实行统一管理，改革全日制研究生招生计划形式，取消国家计划和自筹经费“双轨制”。加强宏观管理，逐步建立研究生教育规模、结构、布局与经济社会发展相适应的动态调整机制。进一步完善计划分配办法，通过增量安排和存量调控，积极支持优势学科、基础学科、科技前沿学科和服务国家重大需求的学科发展。

5. 建立健全科学公正的招生选拔机制。以提高研究生招生选拔质量为核心，积极推进考试招生改革，建立与培养目标相适应、有利于拔尖创新人才和高层次应用型人才脱颖而出的研究生考试招生制度。优化初试，强化复试，发挥和规范导师作用，注重对考生专业基础、综合素质和创新能力的考察。

6. 完善招生选拔办法。推进学术学位与专业学位硕士研究生分类考试。完善专业学位研究生考试办法，注重选拔具有一定实践经验的优秀在职人员。建立博士研究生选拔“申请—审核”机制，发挥专家组审核作用，强化对科研创新能力和专业学术潜质的考察。建立博士研究生中期分流名额补充机制。对具有特殊才能的人才建立专门的选拔程序。加强对考试招生工作的管理和监督。强化考试安全工作。

三、创新人才培养模式

7. 拓展思想政治教育的有效途径。加强中国特色社会主义理论体系教育，把社会主义核心价值体系融入研究生教育全过程，把科学道德和学风教育纳入研究生培养各环节。广泛开展社会实践和志愿服务活动，着力增强研究生服务国家、服务人民的社会责任感。加强人文素养和科学精神培养，培育研究生正直诚信、追求真理、勇于探索、团结合作的品质。认真组织实施研究生思想政治理论课课程新方案。加强研究生党建工作。加强研究生心理健康教育和咨询工作。

8. 完善以提高创新能力为目标的学术学位研究生培养模式。统筹安排硕士和博士培养阶段，促进课程学习和科学研究的有机结合，强化创新能力培养，探索形成各具特色的培养模式。重视对研究生进行系统科研训练，要求并支持研究生更多参与前沿性、高水平的科研工作，以高水平科学研究支撑高水平研究生培养。鼓励多学科交叉培养，支持研究生更多参与学术交流和国际合作，拓宽学术视野，激发创新思维。

9. 建立以提升职业能力为导向的专业学位研究生培养模式。面向特定职业领域，培养适应专业岗位的综合素质，形成产学结合的培养模式。引导和鼓励行业企业全方位参与人才培养，充分发挥行业和专业组织在培养标准制定、教学改革等方面的指导作用，建立培养单位与行业企业相结合的专业化教师团队和联合培养基地。加强实践基地建设，强化专业学位研究生的实践能力和创业能力培养。大力推动专业学位与职业资格的有机衔接。

10. 加强课程建设。重视发挥课程教学在研究生培养中的作用。建立完善培养单位课程体系改进、优化机制，规范课程设置审查，加强教学质量评价。增强学术学位研究生课程内容前沿性，通过高质量课程学习强化研究生的科学方法训练和学术素养培养。构建符合专业学位特点的课程体系，改革教学内容和方式，加强案例教学，探索不同形式的实践教学。

11. 建立创新激励机制。根据研究生的学术兴趣、知识结构、能力水平，制定个性化的培养计划。发掘研究生创新潜能，鼓励研究生自主提出具有创新价值的研究课题，在导师和团队指导下开展研究，由培养单位提供必要的条件支持。制定配套政策，支持研究生为完成高水平研究适当延长学习时间。加强研究生职业发展教育和就业指导，提高研究生就业创业能力。

12. 加大考核与淘汰力度。加强培养过程管理和学业考核，实行严格的中期考核和论文审核制度，畅通分流渠道，加大淘汰力度。建立学风监管与惩戒机制，严惩学术不端行为，对学位论文作假者取消学位申请资格或撤销学位。完善研究生利益诉求表达机制，加强研究生权益保护。

四、健全导师责权机制

13. 改革评定制度。改变单独评定研究生导师资格的做法，强化与招生培养紧密衔接的岗位意识，防止形成导师终身制。根据年度招生需要，综合考虑学科特点、师德表现、学术水平、科研任务和培养质量，确定招生导师及其指导研究生的限额。完善研究生与导师互选机制，尊重导师和学生选择权。

14. 强化导师责任。导师是研究生培养的第一责任人，负有对研究生进行学科前沿引导、科研方法指导和学术规范教导的责任。完善导师管理评价机制。全面落实教师职业道德规范，提高师德水平，加强师风建设，发挥导师对研究生思想品德、科学伦理的示范和教育作用。研究生发生学术不端行为的，导师应承担相应责任。

15. 提升指导能力。加强导师培训，支持导师学术交流、访学和参与行业企业实践，逐步实行学术休假制度。加强高校、科研院所和企业之间人才交流与共享，建设专兼结合的导师队伍，完善校所、校企双导师制度。重视发挥导师团队作用。

五、改革评价监督机制

16. 改革质量评价机制。发布培养单位质量保证体系建设规范。按照一级学科和专业学位类别分别制定博士、硕士学位基本要求。学术学位注重学术创新能力评价，专业学位注重职业胜任能力评价。研究生教育质量评价要更加突出人才培养质量，人才培养质量评价要坚持在学培养质量与职业发展质量并重。强化质量在资源配置中的导向作用。

17. 强化培养单位质量保证的主体作用。培养单位要加强培养过程的质量管理。按照一级学科和专业学位类别，分别设立研究生培养指导委员会，负责制订培养标准和方案、建设课程体系、开展质量评价等。专业学位研究生培养指导委员会应有一定比例的行业和企业专家参加。定期开展自我评估，加强国际评估。建立毕业生跟踪调查与用人单位评价的反馈机制，主动公开质量信息。

18. 完善外部质量监督体系。加快建设以教育行政部门监管为主导，行业部门、学术组织和社会机构共同参与的质量监督体系。加强研究生教育质量评估，加大学位论文抽检力度，改进优秀博士学位论文评选办法，统筹学科评估。对评估中存在问题的单位，视情做出质量约谈、减少招生计划、停止招生直至撤销学位授权的处理。建立专业学位教育质量认证体系，鼓励培养单位参与国际教育质量认证。

19. 建立质量信息平台。建设在学研究生学业信息管理系统，建立研究生教育质量信息分析和预警机制。加大信息公开力度，公布质量标准，发布质量报告和评估结果，接受社会监督。

20. 规范在职人员攻读硕士专业学位和授予同等学力人员硕士、博士学位工作的管理。进一步强化培养单位办学责任，加强统一管理，建立定期检查机制。将在职人员攻读硕士专业学位纳入研究生学业信息管理系统。同等学力人员申请学位，须将学位论文在研究生教育质量信息平台上公示。研究生培养单位不得以“研究生”和“硕士、博士学位”等名义举办课程进修班。

六、深化开放合作

21. 推进校所、校企合作。进一步加强高等学校与科研院所和行业企业的战略合作，支持校所、校企联合建设拔尖创新人才培养平台，完善校所、校企协同创新和联合培养机制。紧密结合国家重大科研任务，通过跨学科、跨院校、产学研联合培养等多种途径，培养和造就科技创新和工程技术领域领军人才。

22. 增强对外开放的主动性。服务国家对外开放战略，加快建设有利于国际互认的学位资历框架体系，继续推动双边和多边学位互认工作，加强与周边国家、区域的研究生教育合作。完善来华留学研究生政策，适时提高奖学金标准，扩大招生规模，提高生源质量，创新培养方式。扩大联合培养博士生出国留学规模，继续实施“国家建设高水平大学公派研究生”项目。支持有条件的学校建设海外教学实践基地。

23. 营造国际化培养环境。加强国际化师资队伍建设，吸引国外优秀人才来华指导研究生。推动中外合作办学，支持与境外高水平大学合作开展“双学位”、“联合学位”项目，合作开发研究生课程。加大对研究生访学研究、短期交流、参加国际学术会议的资助力度，提高具有国际学术交流经历的研究生比例。提高管理与服务的国际化水平，形成中外研究生共学互融、跨文化交流的校园环境。

七、强化政策和条件保障

24. 完善投入机制。健全以政府投入为主、受教育者合理分担培养成本、培养单位多渠道筹集经费的研究生教育投入机制。培养单位要按国家有关规定加大纵向科研经费和基本科研业务费支持研究生培养的力度，统筹财政投入、科研经费、学费收入、社会捐助等各种资源，确保对研究生教学、科研和资助的投入。

25. 完善奖助政策体系。建立长效、多元的研究生奖助政策体系。强化国家奖学金、学业奖学金和国家助学金等对研究生的激励作用。健全研究生助教、助研和助管制度。提高研究生国家助学贷款年度最高限额，确保符合条件的研究生应贷尽贷。加大对基础学科、国家急需学科研究生的奖励和资助力度。奖助政策应在培养单位的招生简章中予以公开。

26. 加强培养条件和能力建设。在国家高等教育重点建设项目中，突出对研究生教育改革和发展的支持。建立优质资源共享机制，国家各类重大项目投资的仪器设备与平台，应向研究生开放。培养单位要改善培养条件，支持研究生教育教学改革。对生均资源过低的培养单位，减少其招生规模。对参与研究生培养和建设实践基地的企业，按规定落实税收优惠等政策。

27. 鼓励改革试点。着力破除制约研究生教育质量提高的体制机制障碍和政策瓶颈，营造良好的政策环境。鼓励有条件的地区和培养单位开展研究生教育综合改革试点，建设拔尖创新人才和高层次应用型人才培养示范平台，积极探索提高质量的新机制。

八、加强组织领导

28. 深化改革、提高研究生教育质量是贯彻落实党的十八大精神和教育规划纲要的一项重要任务。各级教育部门要转变职能，加强宏观指导和监督，加大地方统筹力度，扩大培养单位的自主权。研究生培养单位要高度重视研究生教育工作，认真制定本单位改革方案，强化改革的主体和责任意识，重视发挥基层学术组织在学科建设、研究生培养和质量评价中的作用。各地区和培养单位要重视宣传引导，加强风险评估，处理好推进改革与维护稳定的关系，保证改革顺利进行。

5. 教研［2013］3 号《教育部、人力资源和社会保障部关于深入推进专业学位研究生培养模式改革的意见》

（教育部、人力资源和社会保障部 2013 年 11 月 4 日）

教育部、人力资源和社会保障部关于深入推进专业学位研究生培养模式改革的意见

各省、自治区、直辖市教育厅（教委）、人力资源社会保障厅（局），新疆生产建设兵团教育局、人力资源社会保障局，中国人民解放军学位委员会，各专业学位研究生教育指导委员会，教育部直属各高等学校：

专业学位研究生教育是研究生教育体系的重要组成部分，是培养高层次应用型专门人才的主要途径。积极发展专业学位研究生教育，是全面建成小康社会、建设创新型国家的必然要求，也是研究生教育服务国家经济建设和社会发展的必然选择。发展专业学位研究生教育，要深入推进培养模式改革，加快完善体制机制，不断提高教育质量。根据《教育部 国家发展改革委 财政部关于深化研究生教育改革的意见》，现就深入推进专业学位研究生培养模式改革提出如下意见：

一、明确改革目标

以职业需求为导向，以实践能力培养为重点，以产学结合为途径，建立与经济社会发展相适应、具有中国特色的专业学位研究生培养模式。

二、改革招生制度

坚持招生制度改革为人才培养服务的方向。积极推进专业学位与学术学位硕士研究生分类考试、分类招生。建立符合专业学位研究生教育特点的选拔标准，完善专业学位研究生招生办法，重点考查考生综合素质、运用基础理论和专业知识分析解决实际问题的能力以及职业发展潜力。拓宽和规范在职人员攻读硕士专业学位的渠道。

三、完善培养方案

专业学位研究生的培养目标是掌握某一特定职业领域相关理论知识、具有较强解决实际问题的能力、能够承担专业技术或管理工作、具有良好职业素养的高层次应用型专门人才。

培养单位应依据特定职业领域专门人才的知识能力结构和职业素养要求，以及全日制或非全日制学习方式，科学制订培养方案并定期修订。全日制研究生和非全日制研究生须分别制定培养方案。培养方案应合理设置课程体系和培养环节，加大实践性课程的比重。鼓励培养单位结合区域经济社会发展特点和自身优势，制订各具特色的培养方案。培养方案的制（修）订工作应有相关行（企）业专家参与。

四、改进课程教学

培养单位应紧密围绕培养目标，优化课程体系框架，优选教学内容，突出课程实用性和综合性，增强理论与实际的联系。创新教学方法，加强案例教学、模拟训练等教学方法的运用。完善课程教学评价标准，转变课程考核方式，注重培养过程考核和能力考核，着重考察研究生运用所学基本知识和技能解决实际问题的能力和水平。

五、加强实践基地建设

培养单位应积极联合相关行（企）业，建立稳定的专业学位研究生培养实践基地。共同建立健全实践基地管理体系和运行机制，明晰各方责任权利。明确研究生实践内容和要求，健全实践管理办法，加强实践考核评价，保证实践质量。促进实践与课程教学和学位论文工作的紧密结合，注重在实践中培养研究生解决实际问题的意识和能力。

六、强化学位论文应用导向

培养单位应根据各专业学位研究生教育指导委员会意见，分类制定专业学位论文标准，规范专业学位论文要求。专业学位论文选题应来源于应用课题或现实问题，要有明确的职业背景和行业应用价值。专业学位论文应反映研究生综合运用知识技能解决实际问题的能力和水平，可将研究报告、规划设计、产品开发、案例分析、管理方案、发明专利、文学艺术作品等作为主要内容，以论文形式表现。专业学位论文应与学术学位论文分类评阅。专业学位论文评阅人和答辩委员会成员中，应有不少于 1/3 的相关行业具有高级职称（或相当水平）的专家。

七、推进与职业资格衔接

对具备条件的专业学位类别或培养单位，积极推进专业学位研究生课程和实践考核与特定职业人才评价标准有机衔接，推进专业学位研究生培养内容与特定职业人才工作实际有效衔接，推进专业学位授予与获得相应职业资格有效衔接。

八、充分调动研究生积极性主动性

促进研究生全面发展，着力增强研究生服务国家服务人民的社会责任感、勇于探索的创新精神和善于解决问题的实践能力。鼓励培养单位引导研究生制订职业发展规划、提高对职业领域及岗位的认识。鼓励培养单位开展互动式、探究式教学，激发研究生自主学习的积极性主动性；鼓励研究生早实践，多实践，在实践中提升职业胜任力。加强专业学位研究生创业能力培养，完善就业指导。加快完善专业学位研究生奖助体系，创造有利于研究生成长成才的氛围。

九、加强教师队伍建设

培养单位应根据不同专业学位类别特点，聘请相关学科领域专家、实践经验丰富的行（企）业专家及国（境）外专家，组建专业化的教学团队。加强教师培训，选派青年教师到企业或相关行业单位兼职、挂职，提高实践教学能力。

鼓励培养单位对研究生导师按专业学位和学术学位分类制订评定条件，分类评聘，逐步形成稳定的专业学位研究生导师队伍。大力推广校内外双导师制，以校内导师指导为主，重视发挥校外导师作用。根据不同专业学位类别特点，探索导师组制，组建由相关学科领域专家和行（企）业专家组成的导师团队共同指导研究生。

完善教师考核评价体系，突出育人责任。根据专业学位研究生教育特点，科学合理制定考核评价标准。将优秀教学案例、教材编写、行业服务等教学、实践、服务成果纳入专业学位教师考核评价体系。

十、完善质量保障体系

培养单位是质量保证体系的主体。培养单位应完善校内质量监督机制，建立招生、培养、学位授予等全过程质量保障制度，加强专业学位毕业生就业质量和职业发展跟踪。根据专业学位类别，分别设立培养指导委员会，负责指导、规范本单位专业学位研究生培养工作。委员会中应有一定比例来自行（企）业的专家。

国家按专业学位类别（或领域）制订博士、硕士专业学位基本要求，建立与特定职业岗位要求相适应的质量评价标准，完善质量监管制度，加快建立管理服务平台，推进招生、培养、就业信息公开。

十一、鼓励开展联合培养

鼓励培养单位加大校企合作力度，按照“优势互补、资源共享、互利共赢、协同创新”的原则，选择具备一定条件的行（企）业开展联合招生和联合培养，构建人才培养、科学研究、社会服务等多元一体的合作培养模式，提高专业学位研究生培养质量。

十二、支持开展改革试点

支持省级学位与研究生教育管理部门和培养单位结合行（企）业和区域人才需求，开展培养模式改革试点，树立专业学位特色品牌。案例教学、实践基地建设等改革试点成效将作为培养单位申请新增专业学位授权点及专业学位授权点定期评估的重要内容。

支持各专业学位研究生教育指导委员会开展培养模式改革研究，加强对培养单位的指导，统筹编写教材、制定课程教学基本要求、建设案例库、定期开展教学研讨等工作，推动本类别专业学位研究生实践基地建设、案例库建设和师资培训。

主要参考文献

［1］王战军．学位与研究生教育评价理论与方法［M］．北京：高等教育出版社，2012.

［2］岳昌君．2013年高校毕业生就业状况调查报告［M］// 杨东平．中国教育发展报告（2014），北京：社会科学文献出版社，2014.

［3］研究生教育质量报告编研组．中国研究生教育质量年度报告（2013）［M］．北京：中国科学技术出版社，2014.

［4］国务院学位委员会第六届学科评议组．一级学科博士、硕士学位基本要求［M］．北京：高等教育出版社，2014.

［5］国务院学位委员会第六届学科评议组．学位授予和人才培养一级学科简介［M］．北京：高等教育出版社，2013.

［6］中国学位与研究生教育发展年度报告课题组．中国学位与研究生教育发展年度报告（2013）［M］．北京：中国人民大学出版社，2014.

［7］中华人民共和国统计局．中国统计年鉴2013［M］．北京：中国统计出版社，2014.

［8］中华人民共和国教育部科学技术司．高等学校科技统计资料汇编2012［M］．北京：高等教育出版社，2013.

［9］翟亚军，王战军，李明磊．基于省级的学位与研究生教育评估框架［J］．学位与研究生教育，2011（11）：9—13.

［10］王战军．我国研究生教育的国际影响力［J］．国家教育行政学院报，2013（02）：16—19.

［11］王真．美国研究生教育淘汰制及启示［D］．河北师范大学硕士学位论文，2011.

［12］赵婀娜．多所高校探索博士生招生“申请—考核”制［N］．人民日报，2013-05-16.

［13］谢昱航．博士准入制度建设应破立并重［N］．中国青年报，2011-08-26.

［14］吴楠，张清俐．放权与问责相统一——整体考虑博士生“申请—审核”制［N］．中国社会科学报，2013-12-18.

［15］教育部、国家统计局、财政部关于2012年全国教育经费执行情况统计公告［EB/OL］．http：//www.moe.edu.cn/publicfiles/business/htmlfiles/moe/s3040/201312/xxgk_161346.htmll.

［16］国家统计局，科学技术部，财政部．2012年全国科技经费投入统计公报［EB/OL］．http：//www.sts.org.cn/tjbg/tjgb/document/2013/20130927.htm.

［17］高宝立．制定教育质量国家标准的重要意义［EB/OL］．http：//onsgep.moe.edu.cn/edoas2/website7/level3.jsp? id=1321323989968172.

［18］学位与研究生教育综合改革全面启动［EB/OL］．http：//www.cdgdc.edu.cn/xwyyjsjyxx/sy/syzhxw/277760.shtml.

［19］上海大学．2012—2013年度上海大学学位与研究生教育质量报告［EB/OL］．http：//yjsb.shu.edu.cn/NewsManage/UploadFile/201309/2013101616838536.pdf.

[20] 同济大学. 专业精英 社会栋梁——同济大学 2012 年研究生教育质量报告［EB/OL］. http：//news.tongji.edu.cn/themes/1/userfiles/download/2013/12/23/1ntb1ylwnsnh721.pdf.

[21] 华东师范大学. 华东师范大学学位与研究生教育质量报告（2012—2013 学年）［EB/OL］. http：//news.ecnu.edu.cn/s/192/t/342/69/46/info92486.htm.

[22] 上海市学位委员会办公室. 关于建立上海学位与研究生教育质量年度报告发布制度的通知［EB/OL］. http：//www.shmec.gov.cn/html/xxgk/201406/418062014012.php.

[23] Wachira Kigotho，(28 February 2014)"*China's rapid rise in global science and engineering*" University World News Issue No：309［Online］Available：http：//www.universityworldnews.com/article.php? story=20140227152409830 (2014/5/9).

[24] 2014 年出国留学趋势报告. http：//www.eol.cn/html/lx/2014baogao/content.html (2014/5/9)

[25] "*BRICS & Emerging Economies Rankings 2014*" (2014)［Online］Available：http：//www.timeshighereducation.co.uk/world-university rankings/2014/brics-and-emerging-economies (2014/5/11).

[26] 英国文化委员会《高等教育国际化》(September 2013)［Online］Available：http：//ihe.britishcouncil.org/educationintelligence/shape-of-things-to-come (2014/5/13).

[27] UWN journalists，(31 January 2014)"*Record number of foreign students to enrol in 2014*" University World News Issue No：305［Online］Available：http：//www.universityworldnews.com/article.php? story=2014012916402922 (2014/5/9).

[28] Qiang Zha (28 March 2014)"*Can China reverse the brain drain*?" University World News Issue No：313［Online］Available：http：//www.universityworldnews.com/article.php? story=20140326132305490 (2014/5/15).

[29] 中国千人计划，http：//www.1000plan.org/ (2014/5/14).

[30] (29 June 2013)"*International students boost graduation rates*" Issue No：278 University World News［Online］Available：http：//www.universityworldnews.com/article.php? story=20130627215621428 (2014/5/9).

[31] Julia Kent (OCTOBER 2，2013)"*University Leaders Issue Statement on the Role of Technology in Postgraduate Education and Research*" Council of Postgraduate Schools［Online］Available：http：//www.cgsnet.org/university-leaders-issue-statement-role-technology-Postgraduate-education-and-research (2014/5/9).

[32] Julia Kent (OCTOBER 2，2013)"*University Leaders Issue Statement on the Role of Technology in Postgraduate Education and Research*" Council of Postgraduate Schools［Online］Available：http：//www.cgsnet.org/university-leaders-issue-statement-role-technology-Postgraduate-education-and-research (2014/5/10).

[33] (29 June 2013)"*International students boost graduation rates*" University World News Issue No：278［Online］Available：http：//www.universityworldnews.com/article.php? story=20130627215621428 (2014/5/10).

[34] SAPA（October 23 2013 at 05：19pm）"*Universities to get equity index*" IOL News [Online] Available：http：//www.iol.co.za/news/politics/universities-to-get-equity-index-1.1596548#.UoDmW7JfFj1（2014/5/13）.

[35] PTI（Aug 26，2013，07.28PM）"*Less than one per cent students opt for research oriented courses*" The Times of India [Online] Available：http：//articles.timesofindia.indiatimes.com/2013-08-26/news/41453974_1_esearch-task-force-courses（2014/5/10）.

后 记

继《中国研究生教育质量年度报告（2012）》出版发行，受到了社会各界的广泛赞誉和高度评价以后，由研究生教育质量编研组撰写的《中国研究生教育质量年度报告（2013）》再次受到国内有关学者和从事研究生教育的管理者、研究生导师和在校研究生的高度关注，并给予了广泛好评。社会对于我们工作的认可和赞誉，促使我们不断总结经验，提高报告的写作水平。为此，编研组成员于2014年4月再次投入工作，在汲取了2012年和2013年度报告亮点的基础之上，针对2013年国家颁布的有关研究生教育质量的新政策、新举措，各省和各高校的新方法，对各章内容进行了调整、完善和创新。其间，编研组还数次邀请有关专家学者对本年度报告的框架、章节、内容及写法进行指导，商议报告应呈现的内容。最后根据北京市教委、湖北省学位办、黑龙江省学位办以及有关高校研究生教育管理的领导和专家提出的意见，在深度聚焦若干问题的基础上，修改完善报告内容，并于2014年9月完成了《中国研究生教育质量年度报告（2014）》的编写工作。

研究生教育质量编研组成员主要来自清华大学、中国人民大学、北京理工大学、华北电力大学、湘潭大学和首都师范大学等高校。报告撰写分工如下：第一章，王战军、唐广军、赵清华；第二章，廖湘阳；第三章，翟亚军、乔刚；第四章，周文辉、刘俊起、王铭；第五章，荣利颖、严平；附录，周玉清。整体报告由王战军统稿，王铭和乔刚为项目秘书。

同时，本年度报告中的全国研究生满意度调查继续由学位与研究生教育杂志社承担问卷的发放、回收、数据的录入和分析等。今年，问卷的发放范围进一步扩大，全国共有43所研究生培养单位参与了问卷调查。在此，谨对这43所研究生培养单位的有关负责人及工作人员所付出的辛勤劳动表示感谢！也欢迎更多的研究生培养单位参与到未来的调查活动中来。

最后，感谢专家委员会的所有成员给予本报告的宝贵意见和建议！感谢编研组成员及工作人员长期为此付出的智慧和汗水！感谢中国科学技术出版社苏青社长、王晓义编辑及其他工作人员为本书的出版所做的辛苦工作！感谢参考文献作者提供的有关内容。

本报告是 2012、2013 两本年度报告的进一步延续，虽然我们在组织、设计、撰写方面积累了一定的经验，但是受到人力、精力、时间和数据的限制，本报告仍有不少不足之处，请各位专家、学者批评指正。

王战军

2014 年 9 月